KB061130

출근길의 주문

출근길의 주문

이다혜 지음

일터의
여성들에게
필요한
말, 글, 네트워킹

한겨레출판

차례

2 새로운 기회를 만들고, 위기의 순간에 나를 돕는 **여성의 네트워킹**

3 기울어진 운동장에서
명랑하게 균형 잡기

* **부록**
프리랜서의 도

오늘도 기록을 갱신했습니다

몇 년 전부터, 일로 알게 된 지인들을 볼 때 말하곤 한다. 우리는 기록을 갱신하며 일하고 있다고. 내가 사회생활을 시작했을 때, 지금 내 나이까지 일하는 여자 선배가 많지 않았다. 마흔이 넘어 결혼하지 않은 여자 선배는 더 찾기 어려웠다. 그리고 현업을 그만두는 시기가 꽤 빨랐다. 그때는 선배들 나이가 많다고 생각했지만 돌아보면 겨우 마흔 언저리의 나이에 많이도 회사를 떠났다. 몇 년 전에는 나와 지인들의 선배뻘 되는 사람들이 마흔을 먼저 넘기면서 큰 기업체부터 작은 회사에 이르기까지 일제히 사직의 바람이 불었다. 팀장, 부장급 여성이 많지도 않았는데 우수수 회사에서 밀려나는 게 보였다. 그리고 나도 내 또래 친구들도 마흔을 넘겼다.

마치 위독하다는 말을 듣고 잠들었다가, 다음 날 눈뜨며 '오늘은 덤이다' 생각하는 환자들처럼, 만나는 사람마다 "언제까지 할 수 있을까?"를 서로에게 묻는다. 올해는 그렇다 치자. 내년은 어떨까? 회사를 너무 그만두고 싶지만 이제 '이직'이라는 옵션은 완전히 사라졌다고 느낀다. 혼자 일할 수 있을까? 일단 버티는 데까지 버티자고 생각해도 만만치 않다.

아무도 원하지도 기대하지도 않는 기록을, 오늘도 갱신 중이다. 내가 다른 여자들의 자리를 빼앗고 있나? 그런 생각이 들면 다시 묻는다. 여자의 자리는 여자에게만 이어지나? 아니다. 결국 모두 다음 세대에 의해 대체될 테지만, 다음 세대의 여성들은 언젠가 지금 우리의 나이가 되어 일하면서도 "여자인 내가 너무 나이 들어서까지 일하고 있나?"라는 질문을 하지 않아도 되기를 희망한다. 한 살 더 많은 사람이, 두 살 더 많은 사람이 열심히 일하고, 능력을 인정받고, 자기 자리를 지키는 것이 쌓여 여기까지 왔음을 안다.

1983년 회사원이었던 미혼의 이경숙 씨를 기억한다. 여성에게만 적용되었던 조기정년제 폐지를 이끌어낸 이경숙 씨의 소송은 교통사고로 시작되었다. 사고 후유증으로 일을 할 수 없게 된 이경숙 씨는 가해자를 상대로 손해배상 청구 소송을 했다. 당시 서울민사지법은 여성이 평균적으로 26살에는 결혼퇴직을 하기 때문에 회사원으로서 수입은 없다고 판결했다. 여성계는 이 판결에 항의하며, 여성의 조기정년제 철폐를 위해 싸웠고, 그 성과는 1987년 남녀고용평등법 제정으로 이어졌다.

누구 한 사람만 앞에 있어도, 한 명만 눈에 보여도, 그 길을 선택하는 일에 도움이 된다. 내가 일을 시작하던 때는 결혼하지 않고 40대가 될 때까지 조직 생활을 하는 여자가 거의 없었지만, 이제는 점점 늘고 있다. 회사마다 관리직, 임원급에 오르는 나이 든 여성이 늘고 있고, 결혼하고 아이를 낳지 않는 여성도, 결혼하지 않은 여성도 늘고 있다. 여자의 자리는 정해져 있지 않다. 과거의 기준으로 상상하지 말자.

처음 일을 배우던 때는 선배들의 스탠더드를 따라잡는

일을 목표로 하며 살았다. 나도 사람들이 필자의 이름을 기억하고 좋아하는 글을 쓰고 싶었고, 일을 잘한다는 말을 듣고 싶었다. 지금은 후배들의 스탠더드를 배우는 일을 목표로 하고 있는 것 같다. 혹은 나보다 젊은 여성들의 말을 더 들으려고 노력한다고 해야 할까. 이런 생각의 전환은 #MeToo 운동이 촉발했다. 이전의 관행으로 세상을 정체시키지 않아야 한다. 우리 땐 이러저러하지 않았다는 말은 또래 친구들끼리 추억을 팔며 시간을 보낼 때는 할 수 있지만, 세상을 향해 말할 때는 내가 변하지 않는 데 대한 비겁한 변명이 될 뿐이다. 이런 나를 위해, 그리고 많은 여성들을 위해 내가 할 수 있는 응원은 하나다.

계속해주세요. 거기에 길을 만들어주세요. 시야 안에 머물러주세요.

계속해주세요.

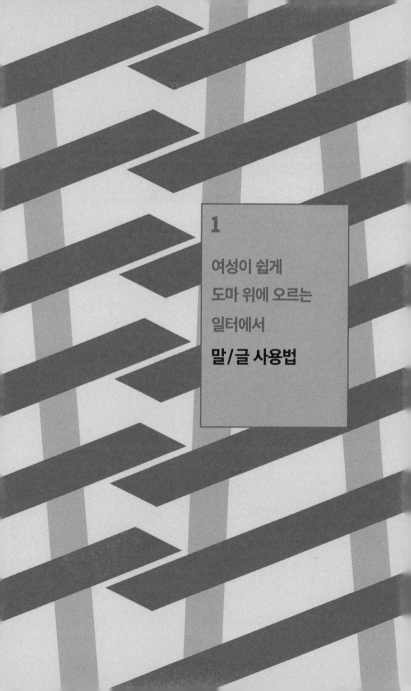

1

여성이 쉽게
도마 위에 오르는
일터에서
말/글 사용법

페미니즘과 글쓰기

§

페미니즘과 글쓰기를 연계하는 강의를 진행하게 되면, 글쓰기와 말하기를 함께 다루게 된다. 여성으로 나고 자라 말하고 글쓰기를 오래 업으로 하며 익힌 것들을 나누고 싶어 쓴다.

페미니즘과 글쓰기라고 하면 당신은 어떤 글쓰기를 생각하는가? 내가 만난 사람들은 대체로 두 가지 정도를 생각하는 듯하다. 여성으로서 살아온 경험을 쓰기. 그리고 여성이 살아가는 데 필요한 글쓰기.

말하기 역시 마찬가지다. 이것은 사적인 동시에 공적인 의사표현이다. 설득하고 싶어 하고 이해받고 싶어 한다. 그리고 정말 원하는 대로 쓰고 말하면 설득에 실패하고 이해받을 수 없으리라는 사실을 곧 알게 된다. 제대로 말하면, 제대로 글 쓰면 모든 게 통한다? 그러면 페미니즘은 이미 성공해 잊힌 이름이 되었으리라. 현실에서는 많은 경우 솔직해질수록 고독해진다. 실제로 쓰고 말해보면, 페미니즘의 각론에서 주변 사람들과 생각이 다르다는 사실에 아연해질 수도 있다. <u>그래서 말하기와 글쓰기 훈련이 필요하다. 다름을 확인하고 공동의 목표를 확인하기 위해. 서로의 머릿속에 있는 것들로는 싸울 수도 힘을 합칠 수도 없다.</u>

머릿속의 생각을 꺼내어 눈으로 볼 수 있게 만드는 것이 글쓰기, 누구나 들을 수 있게 음성화하는 것이 말하기다. 그 작업에 페미니즘이 더해지면, 그간 '나 혼자 참으면 되던' 일들을 공론의 영역으로 끌어낸다는 뜻이 된다.

페미니즘 강연에서 가장 흔하게 나오는 질문은 아버지, 남편, 남자친구, 아들에게 어떻게 페미니즘을 가르치거나 설득할 수 있느냐는 것이다. 앞서 말했지만 그게 쉬웠다면 내가 1019년도 아닌 2019년에 이런 글을 쓰고 있지도 않을 것이다.

여자가 글을 잘 쓰고 말을 잘하면, 높은 확률로 미움받는다. 혹은 상대가 나를 상대하려 들지 않는 경우도 있다.

그리고 이런 말을 듣는다. "말만 가지고 되는 게 아니야." 내가 무정부주의라도 주장한다면 억울하지나 않겠는데, 성폭력을 저지른 사람에 대한 처벌을 요구한다든가, 어떤 표현에 대해 성차별적이고 여성혐오적인 측면을 지적한다든가 하는 정도를 정연한 언어로 주장해도 상대방이 받지 않는 때가 있다. "옳고 그른 것만 따지고 살 순 없어." 그렇다. 그정도는 나도 이해했다. 그렇게 한 번의 잘못으로 애먼 사람 골탕 먹을 일이 걱정되면 여성 남성 옐로카드 세 장씩 나눠 갖고 시작하자고.

여성이 분명하게 의사표현하는 법을 익혀야 하는 이유 중 하나를 나는, 억울하지 않기 위해서라고 생각한다. 나는 당신이 '충분히 암시했는데 이루어지지 않은 요청들'을 쌓지 않기를 바란다. 원하는 것을 분명히 하면 좋겠다. 우리는 통하니까, 저 사람은 똑똑하니까, 내가 선의로 대하면 나를 선의로 대해주리라고 미루어 짐작하고 막무가내로 베풀고 실망하지 말자. 무엇을 원하는지 모르겠다가도, 말과 글을 분명히 하다 보면 어슴푸레 마음속에 있던 것이 또렷해진다. 그게 모든 일의 시작이다. 여성인 나 자신을 더 소중하게 여기기. 내 말을 들리게 만들자. 의심은 집어치우고.

여성이 겪는 차별에 대해 말하지 않으면 세상은 그것을 없는 것으로 친다. 내가 사랑한 사람이, 내가 헌신한 세계가 사실 나를 존중하지 않는다는 사실을 받아들이는 과정 역시 거저 이루어지지는 않는다. 페미니스트가 되면 무엇이 좋으냐는 질문에 대한 내 대답은 언제나, 전에는 그냥 넘기던 것들 하나하나가 걸려서 화가 나 오히려 참기가 어려워질 수 있다는 것이다. 그럼 왜 여성으로서의 나 자신을 자각하고 <u>세상의 여성에 대한 차별에 눈떠야 하냐고? 그것은 도무지 진단명이 나오지 않던, 수많은 여성들의 승진누락, 조기퇴직, 낮은 임금, 쉬운 해고 등의 문제들에 대한 답이기 때문이다.</u> 개인이 말하면서 그것이 집단의 경험임이 밝혀지곤 한다. 잘못이라고 생각만 할 때는 기세등등하게 나를 억압하던 것들이, '잘못됐다'고 소리 내어 말하는 순간 힘을 잃을 가능성이 생긴다. 그리고, 당신이 쓰고 말해야 당신과 비슷한 사람들이 주변에 모인다. 사고관이 비슷한 사람들과 함께하는 가장 좋은 방법은 그것이다. 쓰기와 말하기.

여성은 분명하게 의사표현하는 법을 익혀야

한다. 억울하지 않기 위해서.

쿠션어, 여성어

쿠션어, 그러니까 복잡하게 에두른 의사표현을 하지 않으면 건방지다는 말을 듣곤 한다. 나는 글을 쓰는 일을 하지만 타인의 글을 읽고 고치는 일 역시 업으로 한다. 그런데 "이 표현은 글쓴이가 여성혐오자로 보일 수 있는 표현입니다"라는 문장을 쓰기 이전에 나는 "글을 읽은 사람이 자칫 오해할 수도 있는 여지가 있어 보이는데, 약간 수정하면 어떨까요?" 같은 식으로 에두르고 에둘러 말을 하거나 글을 쓰곤 했다. 눈치가 빠른 사람이면 그 정도 말을 듣고 적절하게 고치지만, 대체로는 나의 독해력을 의심했다. 고칠 생각 없으니 다시 읽으라는 유의 말. 그 글의 무엇이 정확히 문제인지 말해도 상대가 기분 상해하지 않을까를 근심하느라 문장은 꼬이고 꼬여서 상대가 자신의 잘못을 알아듣지조차 못했다. 나는 일을 하고 싶을 뿐이지 상대의 불쾌함까지 받아내고 싶지는 않았다.

누군가는 이 글을 읽으며, 역시 너무 '또렷하게' 쓰고 말하지 않는 편이 좋겠다고 생각하리라는 사실을 알고 있다. 그런 생각을 하는 사람들이 쿠션어를 썼을 때 그 속뜻을 짚어 이해하는 일을 나는 더 이상 하지 않는다. "날이 춥다"고 말하면 알아서 "따뜻한 차라도 한 잔 드릴까요?"라고 응답하지 않는다. 대신 "아, 날이 춥군요"라고 응수한다. 따뜻한 음료가 필요하다면 그렇게 말씀해주세요. 나이 어린 여자에게 차 심부름을 시키는 사람이 되고 싶지 않지만 자신의 손으로 차를 마실 의지는 없다고요? 그러면 갈증을 참아보면 어떨까요?

직접 대놓고 말하지 않는 것을 우아하다고들 한다. 경험해본 바, 그것은 가진 사람들의 화법이다. 상대가 내 뜻을 한 번 더 생각하고 속뜻을 헤아려준다는 확신을 가진 사람들이 할 수 있는 말이다. "다리가 아파 잠시 앉았으면 좋겠는데, 여기 의자가 있습니까?"라고 하는 대신에, "여러분은 참 젊어서 좋겠어요, 거뜬하게 서 있으니 보기 좋네요"라고 말하는 편이 더 배운 사람 같다고. 화장실을 갈

때 "똥 마려워요" "오줌 마려워요"라고 하자는 뜻이 아니라, 여성들의 생리작용에 대해 대놓고 이야기하지 않는 화법을 권장하는 게 싫다.

생리한다는 말 대신에 마법에 걸렸다고 하는 게 대표적이다. 프랑스인들은 이것을 '영국인들이 쳐들어왔다'고 했다. 오늘날에도 벨기에나 그리스에서는 러시아인들이 왔다고 한다. 네덜란드에서는 '붉은 깃발을 게양'하거나 '일본 국기를 게양'한다고, 혹은 '페라리가 문 앞에 왔다'라고 한다. 이것은 꽃, 개양귀비, 날, 달, 묵주를 가졌다는 표현으로 대체되기도 하며, 케첩이나 토마토소스가 있다는 사람들도 있다. 폴란드에서는 할매, 미국에서는 친척 아주머니, 독일에서는 사촌, 이탈리아에서는 후작이 방문한다고 말한다. 한국에서는 생리대 이름을 빌어 '마법에 걸렸다' 혹은 '매직' 같은 표현을 쓰기도 한다. 이런 표현들을 트위터에 올렸더니, 어떤 분이 일본에는 페리 내항이라는 표현이 있다고 알려왔다. 어떤 분은 어렸을 때 "공산당이 쳐들어왔다"는 표현을 들었다고 했다. 이 모든 표현은 생리를 에둘러 표현하는 여러 방식들이다. 왜 에둘러야 하는가? 생리를 언급하는 일 자체가 전 지구적 금기이기 때문이다. 기자이자 페미니스트인 엘리 즈 티에보가 생리의 역사와 생리가 터부시된 방식의 역사 등을 다룬《이것은 나의 피》에 나오는 이야기다. 포항에 지진이 나서 수학능력시험이 연기되었을 때, 많은 여성들은 시험 기간에 맞춰 생리주기를 조절하기 위해 약을 먹고 있었을 수험생을 걱정했다. 생리통이 너무 심해서 일상생활이 어려운 사람들은 중요한 일이 있을 때 그런 방법을 택하니까. 그걸 일주일 더 늦춘다고?

결혼한 뒤 배우자와 '방귀를 언제 텄느냐'를 두고 TV에서 갑론을박(이게 갑론을박할 사안인지 잘 모르겠지만)하는 경우, 남편들은 이미 텄고, 아내들이 언제 자신이 인간이라는 사실을 남편이 알게 할 것인가를 두고 그런 얘기를 할 때가 많다. 뭐가 어떻다고 말하는 대신에 "그냥 좀 불편하다" 정도의 말로 해치우려고 든다. "생리통이 너무 심해요"라고 하면 "자랑 났다!"고 화를 내는 사람도 봤다. 아파서 아프다고 해도, 안 된다.

자신의 몸에서 일어나는 일에 대해 일어나지 않는 척

하는 데 다들 너무 도가 터서, 자기의 뇌가 판단해 내린 의견과 생각에 대해서도 쿠션을 치곤 한다. "날 사랑한다면 속뜻을 알아줄 거야." 너무 도전적이어도 안 되고, 너무 솔직해도 안 된다. 원하는 것을 원하지 않는 척하면서도 원한다는 사실을 넌지시 말해야 한다. 남자친구나 남편에게 받고 싶은 선물을 대체 왜 암시해야 하는가? 좋은 물건을 받고 싶지만 좋은 물건을 원하는 것처럼 보이고 싶지 않아서? 이런 화법을 쓰는 사람들 중에 '자칭' 극소수의 성공한 사례가 있음은 분명하지만, 힘을 갖지 못한 사람이 혼자 에둘러 말한다고 알아서 헤아려주는 경우는 없다. 그리고 상대는 나중에 말한다. "그렇게 필요하면 분명히 말하지 그랬어?"

예의 바르게, 상대 기분 상하지 않게 에둘러 말하기를 여성들에게만 가르치는 것은 그만두자. 남자가 말할 때 건방지다고 생각하지 않은 표현이나 문장을 여자가 말했다고 발끈하는 일을 그만둬라. 이것은 여성에게 무례하라는 권고가 아니다. 여성과 남성 모두 타인에게 예의를 갖추어야 한다. 하지만 잘못한 사람이 당당하고 잘못을 지적하는 사람이 눈치를 봐야 하는 것은 예의도 뭣도 아니니다. 에두른 표현, 우아한 언사가 힘을 발휘하려면 행동이 뒤따라야지.

쿠션어, 여자어를 쓰지 않는 노력을 하는 만큼 중요한 것이 하나 있으니, 그것은 다른 여성(특히 당신보다 나중에 태어난 여성)이 쿠션어, 여자어를 쓰지 않을 때 거북해하기를 그만두기다. 동석한 남자를 대신해서 나이 든 여자들이 화내주지 마라. 더 '모범적'으로 우아하게 말해버리기를 그만두자. 남자가 말했다면 '당차다'고 박수쳤을 말을 여자가 했다고 "당돌하다"며 고개 도리도리 하기를 그만두자. 분위기를 읽고 여자 욕을 (남자 대신) 여자가 해버리는 일. 내가 아는 최악의 여성어.

질문은 내가 먼저, 말끝은 분명하게

'GV빌런'이라는 단어가 있다. 영화제에서 영화 상영 이후 감독이나 배우 등 게스트가 상영관을 방문해 관객들을 대상으로 진행하는 토크프로그램을 GV(Guest Visit, 관객과의 대화)라고 부르는데, 최근에는 영화제와 무관하게 개봉 영화들에서도 자주 볼 수 있는 행사다. 그런 GV 때 혼자만 궁금하고 게스트에게는 무례한 질문을 하는 관객을 일컫는 'GV빌런'이라는 비공식 용어가 SNS에서 쓰인다. '빌런'은 '악당'을 뜻하는 말인데, 동네 양아치에게 쓰는 말이기보다는 슈퍼히어로물에서 히어로만큼 강력한 힘을 지닌 악당을 일컫는다. 즉, 'GV빌런'이라는 말이 통용된다는 뜻인즉, '영화의 감동을 잊어버릴 정도로 그 한 사람의 힘이 강력하다!'이다.

GV는 대체로 마지막에 관객 질문을 받아 답하는 순서를 갖는다. 이런 GV에 참석해보면, 객석은 여성이 과반수여도, 첫 질문자는 남성일 때가 많다. 압도적으로. 원하는 질문을 당당하게 한다. 여성 관객들은 서너 번째쯤 질문하는 경우가 많다. 그 정도 순서를 기다리는 것처럼. 어떤 때는 관객 비율이 압도적으로 여성이 많아도 손 드는 사람이 없어서 여성 관객의 질문을 받아보려 해도 불가능할 때도 있다.

한 번은 이런 일이 있었다. 어떤 한국 독립영화 상영 이후 있었던 관객과의 대화 시간이었다. 감독과 배우 세 명이 참석했다. 네 사람 중 여성은 주인공이었던 A 한 사람뿐이었다. 객석 질문은 이랬다. 영화연기를 전공하는 학생이라는 남성은 A가 자신과 말이 잘 통할 거 같다며, 자기 연락처를 스태프에게 남겨놓고 갈 테니 관심 있으면 자신에게 연락을 달라고 했다. 커피든 식사든 하며 같이 연기에 대해 얘기해보고 싶다고. 나는 당시 관객으로 객석에 앉아 있었는데, 그런 질문을 하는 사람을 난생 처음으로 봤다. 그런 질문도 당당하게 하는 사람들이 있는데! 자매들이여! 질문을!

어쩌다 질문을 해도, 말끝을 얼버무리는 분들을 많이 보게 된다. 확신이 없을 때 우리는 말을 얼버무린다. 문제는 그 '확신'을 상대의 반응에서 찾으려고 한다는 데 있다. 내가 질문할 때 상대가 무뚝뚝한 표정이라거나(사실 아무 표정도 짓지 않고 그저 생각하고 있었음), 사람들이 조금 웅성이는 듯한 기분이 든다거나 (다른 질문자 때도 비슷한 분위기였음) 하면 바로 말투가 흐릿해지기 시작한다. 그리고 문장의 중간부터는 말소리가 작아지다가, 약간 웃으면서 말을 흐린다. 이것은 나 자신의 과거 경험이기도 하다. 분위기를 봐서 나에게 우호적이지 않을 때 혀를 빼꼼 내밀거나 헤헤 웃어버리기. 일할 때 그런 식으로 얼버무리면 안 된다고 딱 잘라 말을 듣고는 노력해서 고쳤다. 어쩔 줄 모르겠는 기분이라서 그랬지만, 내용이 좋아도 그 내용이 잘 전달되기 어려운 태도, 혹은 말버릇이다. 이런 태도를 보이면 상대는 내가 일에 진지하지 않거나 심하게는 자격 미달이라고 판단한다. 웃을 일이 아닌데 웃어넘기려는 태도는 불쾌감을 유발한다.

상대방의 반응과 무관하게 하려던 말을 끝까지 하려

고 노력하자. 질문 역시 일종의 발언 기회임을 생각해, 기회가 주어지면 적극적으로 나서라.

+

그런데 여기에는 한 가지 미스터리가 더 있다. 여성들만 있을 때는 놀랄 일도 아니지만 첫 질문자가 여성이다. 질문자를 오래 기다리지 않아도 누군가 빠르게 손을 든다. 그런데 여성과 남성이 섞여 있을 때는 이상하게 여성이 첫 질문자로 손 드는 확률이 낮다. 이런 심증을 굳힌 계기는 고등학교 강연을 다니면서였다. 여자 학생과 남자 학생이 함께 강연을 들을 때는 성비가 얼추 비슷한데도 남자 학생들이 질문을 많이 한다. 여자 학생들이 질문하기를 꺼리나 싶지만, 여자 고등학교에 가면 질문자가 많다는 사실을 금방 알 수 있다. 여자들끼리만 있을 때는 표현이 적극적인데, 왜 남자들과 같이 있을 때는 '다르게' 행동할 확률이 높아질까? 질문한다는 말은 궁금한 것이 많고 적극적이라는 뜻인가? 질문을 하지 않는다는 말은 그 반대인가? 그런 의구심과 무관하게 내가 받아본 남자 학생들의 질문 중 가장 기기묘묘한 것은 "선생님 모텔 가봤어요?"였다. 이런 질문도 하는데 대체 왜 여자 학생들은 가만히 있는가?

좋은 질문을 하면 가장 좋겠지만, 그래서 답변하는 쪽에서도 감탄하고 기억할 만한 질문이라면 그보다 좋을 순 없겠지만, 질문도 해 버릇해야 는다. 질문하라는 말에 망설이다가 집에 가는 길에 갑자기 "아, 그거 물어볼걸!" 해본 경험이 있는지? 난 있다. 아주 여러 번. 그냥 손을 들면 되는 거였다. 이젠 그런 일로 망설이지 않아서, 노조총회를 해도 열심히 발언하고, 징계위원회를 들어가도 열심히 말하는 사람이 되었다. 좋은 질문도 중요하지만, 강연이든 GV든 온 사람들이 열성적으로 손을 들고 말하고 싶어 할 때 진행한 사람들도 더 보람을 얻는다. 손을 듭시다. 질문을 합시다.

자매들이여! 질문을!

공격받는 여자들과 인성 논란

성공한 여성들이 힘들어하는 정도를 넘어 현업을 떠나는 경우가 있다. 그 이야기를 하다 보면 공통적으로 등장하는 말이 있다. "공격을 너무 많이 받아서." 이 얘기를 하면 남성들은 누구나 공격을 받는다고, 본인도 받는다고 말한다. 그 말도 맞다. 하지만 언제나 여자들은 남자들이 당하는 일에 플러스알파로 곤경을 겪는다. 일과 관련된 모든 욕지거리에 더해, 사생활과 여자다움을 빌미로 한 뒷담화가 이어지기 때문이다.

끔찍할 정도로 많은 경우, 여성들은 회사에서의 옷차림과 메이크업으로 욕을 먹는다. 남성 직원들이 담배 냄새, 입냄새, 여름철이면 쉰 냄새 등을 풍기는 위생과 청결 문제를 달고 다닐 때도 참던 사람들이 '옷을 특이하게 입는다'고 뒤에서 수군거린다. 고작 화려한 무늬의

복고풍 원피스 정도를 두고도 작정하고 흠을 잡는 말을 들을 때 동료애가 사라지고 인류애가 증발한다.

신입사원은 그러면 어떤 비난에 시달리느냐. 식당에 가면 수저를 안 놓는다고 말을 듣는다. 남자 신입사원은 잘 듣지 않는 비난이다. "너 총무팀 신입사원 김철수 알아? 같이 밥 먹으러 갔는데 수저를 안 놓더라?" 이런 말은 여간해서 하지 않는다. 남자가 그런 걸로 트집을 잡힐 정도면 정말 심각한 수준으로 도련님 행세를 할 경우다. 그런데 여자들은 한 번만 그런 일이 있어도, 일로 문제가 생겨 오만 트집이 잡힐 때면 "그때 그러더라니까?"라며 욕을 먹는다. 그리고 이런 트집을 잘 잡는 사람은 애석하게도 남성보다 여성이다. 여자의 적은 여자라는 말을 좋아하는 사람들은 이런 때 또 한마디하고 싶어지리라. 남자들은 그런 섬세한 감정노동이나 돌봄노동에 해당하는 일로부터 가정에서부터 제외되어왔기 때문에 남이 하는지 안 하는지도 모르는 경우가 많다. 그냥 저절로 수저가 놓여 있다고 생각하기 때문이다.

"공격을 너무 많이 받아서요." 얼마나 많은 성공한

여성들의 사회적 불행을 요약한 한마디인지. 여자 연예인들을 떠올려보면 가장 쉽다. 가족과 관련한 온갖 일들에 더해 인성 논란, 태도 논란 들 말이다. 짝다리를 짚어서 버릇없다는 말이 기사화되고, 나중에 그 연예인에게 무슨 일이 생길 때마다 그 짝다리 사진은 증거사진이 된다. 남자의 짝다리는 어떻게 생각하시나요?

성공한 여자의 자녀에게 진학 등과 관련한 문제가 생기면 성공한 여자는 여자로서도 심판받고 어머니로서도 심판, 비난받는다. 본인도 못 견뎌 자녀를 서포트하기 위해 일을 그만두는 경우도 많다. 그럼, 성공한 남자의 자녀에게 같은 문제가 생기면? 그의 아내가 비난받고 그는 이해받는다. 그의 아내가 일하는 여성인 경우에도 마찬가지다.

직장에서의 여성들 역시 인성과 태도 논란에 휩싸이곤 한다. 용건만 간단히 말하면 정이 없다고 한다. 공손하게 굴면 비굴해 보인다고, 그렇게까지 할 필요가 있느냐고 한다. 말이라는 게 아 다르고 어 다르다는데, 여자에게는 부정적인 수사가 더 쉽게 붙어 여간해서는 떨어지지 않는다.

　일과 관련해 사람을 비판하고 싶을 땐 일과 관련된 이야기를 하라. 말투가 어떻고 옷차림이 어떻고 하는 말은 제발 그만두자. 동석한 누군가가 그런 식으로 깎아내리는 화법을 쓴다면 "그래서 일은 어떤데요?"라고 물어라.

　왜 여자들에게 유독 인성 논란을 비롯한 온갖 '일 바깥'의 논란이 생길까. 경험상으로는 일로 까 내리기 어렵지만 까 내리고 싶을 때 쓰는 방법이다. 일로 흠잡을 데가 있었다면 벌써 일 가지고 욕을 하고 있을 사람들이 갑자기 머리모양이 안 어울리느니, 몸매가 어떻다느니, 안경이 올드하다느니, 화장 좀 하라느니 할 때는, 일로는 흠잡을 데가 없지만 욕하고 싶다는 뜻밖에 되지 않는다. 그래서 여자들의 성공비결이랍시고 그 모든 것을 '자기관리'라는 명목으로 잘 해내라는 말을 하는 경우도 있는데, 매일 화장에 한 시간씩 시간을 쓰면서 그게 경쟁력이 되리라 믿는 일을 어떻게 해야 좋을지 모르겠다. 일을 잘하려면 일을 잘해야 한다. 일 잘하는 사람을 일 외의 요소로 평가절하하려면 그런 문화를 바꿔야지 그 외의 요소를 바로잡으려고 시간과 정성을 쓸 때가 아니다.

+

프로젝트를 시작하고 바로 반응이 굉장히 좋아서 팀이 함께 고무된 적이 있다. 설레는 마음으로 그 소식을 전했더니 팀에서 가장 연상이었던 여성분이 이런 말을 했다. "또 좀 지나면 어떨지 몰라." 경험으로 아는 것이다.

"공격을 너무 많이 받아서요."

많은 성공한 여성들의 사회적

불행을 요약한 한마디.

흥분을 조절하기

화가 머리 꼭대기까지 났다면, 말을 시작하기 전에 한 번 크게 숨을 들이쉰다. 가능한 천천히 또박또박 말한다. 분한대로 쏟아 내버리면, 종종 상대는 그 '태도'를 문제 삼아 그 자신의 잘못을 희석시킨다.

화가 머리 꼭대기까지 났다면, 글을 쓴 이후에 '절대' 바로 '보내기'를 누르지 않는다. 화난 상태에서 쓴 글은 반드시 열이 식은 뒤 퇴고한다. 그런 글은 높은 확률로 커리어에 악영향을 끼친다. 인간관계도 물론.

호칭에 대해 숙고함

나에게 반말을 하는 사람에게 존대를 하며 시시비비를 가리기란 쉽지 않은 일이다. 일의 시시비비를 떠나 '태도' 문제가 끼어들기 쉽고, 나에게 반말을 하는 사람은 나를 평가하는 위치에 있기에 당장의 전투에서 이겨도 전쟁에서 지는 문제가 발생할 가능성이 높다. 말을 잘해봐야 전투에서 이길 뿐이다.

그리고 당신도 나이를 먹는다. 어느 순간 꼰대가 된다. 나이를 먹는다고 윗사람이 된다는 보장은 없지만 꼰대가 되는 건 숨만 쉬어도 가능한 일이다. 이래라저래라, 나는 이랬다, 술을 마시지 않고도 한 말 또 하고, 과거의 승리를 복기하고 또 복기하고. 술을 마시면 더 심해진다.

나이를 먹고 경력이 쌓이다 보니 잘 모르는 사람들이나 나보다 연령이 낮은 사람들을 존중하며 말하는 법에 대해 더 조심해야겠다고 생각하게 되었고, 가능하면 모든 사람에게 존대를 하는 쪽으로 정했다. 상사에게 존대와 반말을 섞어 쓰는 정도의 비중으로 다른 사람들과 말하되, 친분이 없는 사람이라면 그냥 나이와 무관하게 존대하는 습관을 들였다.

나는 여성을 부를 때 가능하면 '씨', '님', '선생님'으로 부른다. 팀장님, 작가님, 부장님, 이사님 같은 경우는 그렇게 부르지만, 직책이 없거나 부를 명칭이 마땅치 않은 경우, 나보다 나이가 어린 사람들에게도 '선생님'이라고 부르려고 노력한다.

어머님, 할머니, 사모님, 여사님 같은 말은 잘 쓰지 않는다. 1년에 두 번쯤은 쓰는지도 모르겠지만 그 이상은 아니다. 이 호칭은 모두 가족 내 관계성으로부터 기인하기 때문이다. 가족 중에 어머니, 누구의 아내인 데서 기인하는 호칭은 거의 '선생님'이나 '씨'로 바꿔 쓴다.

사회생활을 할 때라면 특히 주의할 것.

내가 나이를 먹으면서 텔레마케터들이 나를 위한답시고 '여사님'이나 '사모님'이라고 부를 때가 있다. 그런 상품들일수록, 남편을 위해서 혹은 아이를 위해서 뭘 사라고 한다. (혹은 보험을 가입하라든가.) 중년 여자 지갑 여는 방법인가 보다. 본인을 위해서 사라고 하지 말고 가족을 위하라고 해야 하는 모양이다.

한번은 저녁밥을 차리기 귀찮아 집 앞 식당에 가서 닭곰탕을 1인분 포장했다. 밥도 필요하냐기에 그렇다고 하니 "남편 주려고?"라고 묻는다. 남자가 혼자 와서 1인분을 포장할 때 "아내 주려고?"라고 묻는 가게 주인이 몇이나 될까. 나는 웃으며 말했다. "아뇨, 제가 먹으려고요. 남편 밥은 남편이 챙기겠죠." '있지도 않지만'이라는 말을 속으로 삼켰다. 와중에 굳이 혼자 산다는 말을 할 필요가 없지 싶어 결혼 안 했다는 말은 하지도 않았다. 나는 그냥 1인분의 식사를 포장하고 싶었을 뿐인데.

✛

여성 일반에게 '선생님'이라고 부르기 운동을 자체적으로 시작하고 가장 많이 들은 반응은 "선생님이라뇨? 그냥 ~씨라고 불러주세요"였다. 왜 여성들만 손사래를 치

며 선생님이라는 말이 과분하다고 생각하는지. 선생님,

선생님.

침묵 연습

나는 여자들이 침묵을 연습하기를 바란다. 회피하라는 뜻이 아니라, 상대의 시선 앞에서 침묵으로 일관하는 법을 배우기를.

여자들은 침묵을 채우는 일을 요구받지 않았을 때도 요구받았다고 느끼는 경향이 있다. '분위기를 부드럽게' 만들라는 요구는 특히 조직의 가장 연차 낮은 여성들에게 집중된다. "넌 여자애가 부드러운 맛이 없냐" 같은 난데없는 맛타령도 그런 때 벌어진다. 그러는 님이나 부드러운 맛을 내보시든가.

그런 말을 누군가 꺼냈을 때, 동석한 여자들이 연령대와 무관하게 일시에 조용해진 적이 있었다. 항의하는 대신 모두가 침묵했고, 말 꺼낸 사람이 무안해하며 웃었고, 아무도 따라 웃지 않았다. 나중에 그 자리가 파하고

"무서워서 말을 못 하겠어"라고 또 웃으며 말하기에 "이런 말씀 하시는 거 보면 별로 무섭지도 않으셨던 모양인데요, 무슨 무서워서 말을 못 해요"라고 하며 깔/깔/깔 웃었다. 그러고야 그 남자는 조용해졌다. 알고 있다. 나중에 자기 회사 가서, 자기 집에 가서 또 말했겠지. 그리고 누군가는 호응하며 "요즘 여자들이란"을 1절부터 4절까지 들려주었겠지. 하지만 내 앞에서는 안 돼.

깔깔깔.

여자들이 웃으면 웃는다고, 조용하면 조용하다고 뭐라는 말을 듣는다.

여자들이 해서 가장 반응이 좋은 행동은 무엇이냐면, '남자에게 호응하기'다. 언젠가 일본의 오락프로에서 배우 스기모토 아야가 '남자에게 사랑받는 법'을 말하며 "무조건 칭찬해라"라는 말을 한 적이 있다. "남자들은 칭찬받는 것을 엄청나게 좋아해"라고. 남자를 칭찬하는 역할, 남자가 하는 말에 웃는 역할, 남자의 말에 공감하는 역할. 여자들, 특히 젊은 여자들이 맡으면 언제나 환영받는 역할이 바로 그것이다. 그리고 그 전략을 취하는 여성들이 많다는 사실도 알고 있다.

하지만 당신에게 '자매애'라는 게 있다면, <u>그런 말이 오가는 순간 공격받는 여성을 향해 "같은 여자가 봐도" 어쩌고 하면서 비난에 동참하지 않는 정도는 요구하고 싶다.</u> '이 정도는 괜찮잖아'라는 생각보다는 '아닌 것은 아니다'라는 생각이 더 널리 퍼지면 좋겠다.

혼자 이런 싸움을 계속하기는 어렵다. 내가 항의할 때, 불만을 표현할 때 누군가 함께하면 그 다음에는 또 한 명이 거기에 동참한다. 남이 좋게 만든 세상에 나는 숟가락만 얹으면 좋겠지만, 당신에게만 좋은 세상은 없다.

"넌 여자애가 부드러운 맛이 없냐" 같은

난데없는 맛타령도 그런 때 벌어진다.

그러는 님이나 부드러운 맛을 내보시든가.

있는 그대로 받아들이기

강경화 외무부장관이 2013년 12월 UN사무차장보로 일하던 당시 〈The Korea Society〉와의 인터뷰 동영상이 있다. "여성으로서 직장에서 겪곤 하는 편견에 대해 조언을 한다면?"이라는 질문에 대한 답이었다.

"이런 생각을 하곤 했다. '내가 여자라 이런 취급을 받는 건가?' 그리고 '내가 한국인이라, 동양인이라 차별하는 건가?' 상황이 좋고 결과도 좋고 협력도 잘된 때면 그런 생각 안 한다. 그런데 상황이 안 좋거나 원하는 걸 얻지 못할 때, 갈등이 있거나 반대하는 사람이 있거나 실망할 때, '내가 여자라, 한국인이라 그런가?' 하는 생각이 든다. 나 역시도 정말 열심히 노력한다. 아무 뜻 없는데 '진의가 뭘까?'라고 고민하지 않으려고. 기본적으로 상대가 무슨 말을 하면 그걸 있는 그대로 받아들이

라. 너무 지나치게 의심하지 말고. 상대의 말을 두 번 세 번 곱씹으며 넘겨짚지 마라. 그건 건강하지 않은 업무 습관인데 그 덫에 빠지기가 정말 쉽다."

새겨들어야 할 말인 동시에 조심해서 들어야 할 말이다. 사람들은 '정말로' 차별을 한다. 상대가 뒷배 없는 사람이라서, 소수자거나 약자라서 차별한다. 하지만 차별주의자로 보이지 않기 위해서 '객관적'으로 보일 수 있는 부분에서 꼬투리를 잡는다. 다른 사람이 했을 때 그냥 넘겼던 실수를 갑자기 지적하고 지금까지 전례를 따라 무르게 처리했던 실수에 원칙을 들이밀어 엄중하게 질책한다.

사람들은 정말로 차별을 한다. 그건 상처가 된다. 그리고 나의 커리어와 일상생활에 분명한 불이익으로 돌아온다.

하지만, 그 생각에 매달리는 건 문제 해결에 도움이 되지 않는다. 내가 경험하는 부정적 피드백이 '차별 때문'이라고 생각하기 시작하면, 정말 필요한 말조차 거부하게 되고 나 자신은 상처를 입는다. 그렇게 되지 않는

데 강경화 장관의 말은 도움이 된다. 너무 지나치게 의심하지 말고, 상대의 말을 있는 그대로 받아들이고 '다음으로 넘어간다'. 이 '다음으로 넘어간다'가 되지 않으면 우물에 갇힌다. 온갖 부정적 피드백으로 가득 찬, 해결책 없는 우물에.

한편, 차별이라는 판단이 드는 사례를 경험할 때 증거가 될 만한 자료를 수집해두면 도움이 된다. 후일 증빙서류로 쓸 가능성을 대비해 그런 자료를 찾기 쉽게 모아두어야 함은 물론이며, 때로는 내가 만일의 경우를 위해 적극적으로 노력하고 있다는 생각만으로도 '출구 없는' 기분이 다소 해소되기도 한다.

원하는 것을 구체적으로 쓰기

여자들은 디테일의 화신이다. 삶의 모든 디테일은 여자 손을 거친다. 아니, 그걸 디테일이라고 말할 수 있다면. 혼자 살게 되면서 스스로가 제일 한심했던 때는, 왜 예전에는 물건 둔 곳을 몰라서 어머니, 할머니를 불러댔을까 할 때다. 내가 둔 물건이 아니라 그랬다. 손톱깎이 하나까지도. 어떤 소모품이 바닥을 보이는지, 어딜 가야 그것을 싸게 구할 수 있는지, 아는 것도 많고 모른다 해도 열심히 검색한다.

그 디테일을 자신의 욕망에 적용하면 좋겠다. 지금 뭘 어떻게 바꾸고 싶은지, 어떻게 하기를 원하는지. 애정노동을 기꺼이 하는 사람일수록 원하는 것에 대해 말하기를 꺼리는 경향이 있다. 원하는 걸 직접 말해서 얻으면 그것은 상대방의 진심이 아니라고 생각해서다. (아니, 솔직히 상대가 당신이 원하는 걸 줬으면 됐지 그 진정성을 무슨 수로 확인한단 말인가?) 어떤 관계에 대해 서운함을 토로하는 이에게 "그럼 뭘 원해?"라고 물었을 때 "그걸 꼭 말로 해야 하나"라는 대답이 돌아오면 답답하다. 그래서 뭘 원하는지 계속 물으면 본인도 잘 모른다. 원하는 게 뭔지 모르지만 서운해! 그런데 그런 서운함은 무엇으로도 풀리지 않는다. 애초에 뭐가 어디에 맺혔는지 모르는데 무슨 수로 풀겠는가?

나는 글로 쓰고 말로 하는 것이 에너지 소모를 줄이는 데 큰 도움이 된다고 생각하는 사람이다. 일단, 내가 뭘 원하는지 정확히 모르는 상태에서 그냥 한 치 앞만 보고 살아가도 아무 문제가 없다. 그래서 가끔 멈춰놓고 이 방향이 맞는지 점검하지 않으면, 나중에는 돌이키기 어렵다는 이유만으로 그 상태를 받아들이고 사랑하도록 스스로를 만들어간다. 원하는 걸 쓰라고 하면 '부자가 되고 싶다' '대치동에 실평수 66평 (이런 때 묘하게 현실적이다) 아파트를 갖고 싶다' 식이 되는데, 내가 말하는 '원하는 것을 구체적으로 쓰기'는 이런 식이다.

- 내가 신뢰하는 친구와의 관계에는 무엇이 필요한가?

- 나는 어떤 동료로 회사 사람들에게 기억되고 싶은가?

- 올해 저축 목표액은 얼마인가?

- 올해 정기휴가 예산은 얼마인가?

- 내년 연봉협상 때 목표액이 있는가? 그 근거는?

- (준비 중인 시험이 있다면) 그 시험에 합격하기 위한 준비기간은 얼마인가?

말은 이렇게 해도 나 역시 저런 질문에 답하려면 한참 생각하며 끙끙거린다. 하지만 목표가 구체적이어야 달성 가능성이 높아지는데, 그러려면 내 목표가 뭔지 나 자신은 알고 있어야 한다. 덜 실망하기 위해서, 주저앉지 않기 위해서, 원하는 것을 생각하고 목표를 만든다. '당신이 대접받고 싶은 대로 남을 대접하라'는 말이 있다. 많은 사람들이 어떻게 대접받고 싶은지 생각해보지도 않고, 현실에서 내가 대접받는 대로 남에게 똑같이 '갚아주며' 산다. 그보다 더 나은 삶의 방식이 우리에게 있으리라 믿는다.

나만의 단어사전

글을 다루는 직업을 갖게 된 뒤에야 나는 내 어휘력이 부족함을 알았다. 나는 대학교에 다니는 동안 안 보는 잡지가 없었고, 독서량으로 치면 또래의 누굴 데려와도 뒤지지 않을 자신이 있었는데, 회사에 가 보니 다 나보다 독서도, 영화도, 음악도 소양이 깊었다. 그리고 그런 사실은 나를 몹시 행복하게 했다. 나는 취향의 공동체를 찾으러 다니지 않았다. 내가 일로 만나는 모든 사람들이 어떤 부문으로든 어떤 방식으로든 나와 닮은 취향을 갖고 있었다. 혹은 내가 기꺼이 배우고 싶은 취향을. 하지만 그와 별개로, 나는 내가 원하는 말을 원하는 방식으로 전달하는 표현법을 잘 모르고 있었다. 무작정 많이 읽기로 되는 문제는 아니었다.

기업체에서 글쓰기 관련 강의를 진행하면 언급하

게 '잘 칭찬하기'의 기술인데, 글쓰기가 거창한 게 아니고 다른 사람을 기분 좋게 만들고 싶을 때 확실히 기분 좋게 만들고 엿 먹이고 싶을 때 헷갈리지 않게 확실히 불쾌하게 만드는 기술이어서다. 무슨 말이냐. '내가 의도한 대로 상대가 전달받는다'가 글쓰기에서 가장 중요한 명료함이라는 말이다. "제 의도와 다르게"라는 말은 변명이 될 뿐이다. 나 역시 그런 변명을 하게 될 때가 없지는 않지만, 가능한 그럴 일을 없애기 위해 노력하고 노력한다. 그래서 자기 의도를 모르고 일단 쓰기 시작하는 사람은 나중에 문제가 생길 가능성이 높다.

여튼, 잘 칭찬하기 역시 글쓰기 능력에 들어간다. 나는 다른 사람들의 글을 읽고 그에 대해 코멘트를 할 일이 많은데, 그런 때, 정확히 무엇이 좋았는지를 표현하는 법에 대해서 많이 생각하는 편이다. 제때 한 적확한 칭찬 혹은 격려의 말이 큰 힘이 된다고, 그것이야말로 글의 힘이라고 생각하니까. 이런 말을 하면 대체로 "어떻게 칭찬하면 되냐?"고 질문이 들어온다.

일의 성격에 따라 칭찬에 필요한 말은 다르다. 일에 따라 고유한 어휘들이 존재하고, 어떤 뉘앙스의 단어가 필요한지 선택해야 한다. 일을 할 때, 그 일을 잘했을 때 어떻게 표현할 수 있을지 '단어장'을 만들라. 누가 나에게 들려주면 좋을 말을 적어보라. 그냥 단순히 "좋네" "재밌네" 정도로도 기쁜 것이 칭찬이지만, 꼼꼼하게 리뷰해주는 상사가 있다면 그 신뢰도는 급격히 상승한다는 점을 명심하라. 무엇이 어떻게 좋은지 말하려면 상대의 퍼포먼스를, 그 사람을 잘 살펴야 하니까.

단어장을 만드는 목표인 어휘력을 '특이한 단어를 많이 앎'으로 오해하는 이들이 많은데, 그렇지 않다.

영화 〈나를 찾아줘〉 얘기를 잠시 해보자. 닉 던과 에이미 던은 부부다. 어느 결혼기념일에 에이미가 사라진다. 닉은 경찰에 신고를 하는데, 이러저러한 전개 끝에 경찰은 에이미가 닉에게 살해당했을 가능성을 수사하게 된다. 대학생인 제자와 바람을 피우는 사실까지 드러날 위기에 처한 닉은 변호사를 고용하고 TV토크쇼에 출연해 자신을 적극적으로 변호하려고 한다. 변호사는 닉의 애인이 불륜 사실을 폭로하기 전에 먼저 터뜨리기를 권한다. 그리고 닉은 변호사와 방송에 앞서 리허설을 한다. 변호사는 사탕이 든 그릇을 손에 들고 어떤 특정한 답이 나올 때마다 닉에게 집어던진다. "당신이 거만하거나 긴장한 듯 보일 때마다 하나씩 던질 거요."

"던 씨, 결혼생활이 평탄치 않았다죠?"

"네, 몇 년간 힘들었어요. 전 실직하고…" (사탕)

"둘 다 실직했죠."

"둘 다 실직하고 암 투병 중인 어머니 병간호를 위해 고향에 돌아왔고 아버지는…"

"아버지 얘긴 도움 안 돼요. 어머니와의 관계를 부각해요. 계속해요."

"한동안 문제가 계속 쌓였어요."

"'쌓였다'는 폭발의 전조요. 안 돼요."

"언젠가부터 삐걱대기 시작했어요. 전 잠시 한눈을 팔았고…"

"잠시가 아니라 15개월 넘게였죠."

(한숨) "아내를 철저히 무시했어요. 우리 결혼을 무시

했죠. 평생 후회할 겁니다."

"바로 그거요."

이 대목은 전형적으로 '내 뜻을 전달하기 위해 표현을 수정하는 예'다. 아내 돈을 가져다 쓰고, 아내 몰래 바람을 피우고, 아내에게 어떠한 연고도 없는 자기 고향으로 이주해버린 남자는 '그럼에도 불구하고' 아내를 죽이지 않았음을 어필하기 위해 변호사와 전략을 짠다. '개심한 남편'은 사람들의 동정을 사기 때문에. 개심한 아내도 이런 전략을 사용할 수 있을까? 그런 생각을 하면 씁쓸해지지만.

요는, 어떤 단어를 사용할 때 어떤 뉘앙스를 전달할 가능성이 높은지는 아무리 훈련해도 지나치지 않다. 글을 퇴고하는 과정에서 주의해야 하는 것이기도 하다. 상대의 잘못을 지적할 때는, 일로 지적해도 사적으로 받아들일 가능성이 높기 때문에 더더욱 주의해서 표현을 골라야 한다. 어휘력을 키운다는 것은 이런 뜻이다. 진심이 담겨야 진정성이 담보되는 것이 아니다. 내가 자주 사용하는 단어가 있다면 유사어, 대체 가능한 표현들을 찾고 표현의 긍정적 뉘앙스, 부정적 뉘앙스와 함께 숙고해보라. 이것은 타인의 말 속 속임수를 간파할 때도 도움이 되곤 한다.

누구의 성과에 대해 "꼼꼼하다"고 할 때와 "강박적이다"라고 할 때의 차이가 존재한다. 이런 평가는 실제를 반영하기도 하지만 때로는 추켜세우거나 깎아내리기 위해 의도적으로 단어를 고른 것이기도 하다. (놀랍지만 많은 이들이 자신의 선입견에 의지해 무의식적으로 긍정적이거나 부정적인 단어를 함부로 쓴다.) "신선하다"와 "미숙하다", "지루하다"와 "장중하다", "생각이 뚜렷하다"와 "이기적이다" 역시 비슷한 식으로 택일되어 쓰인다. 다른 듯하지만 같고, 같은 듯하지만 다르다.

그리고 본인은 의도가 아니라면서도 부정적인 어휘만 골라 쓰는 사람이 있다. 글과 말은 그 사람과 같지는 않지만 아주 다르지도 않다. 남을 글과 말로 평가할 때처럼 나 자신도 반성한다. 좋은 점수 얻기는 쉽지 않다. 이런 생각으로 너무 괴로워지면, 여자가 큰일을 하려면 어쩔 수 없는 일도 있는 법이라고 되뇌어본다.

선생님, 말이 너무 빠르세요

숨도 쉬지 않고 말하는 듯한 여성들을 만날 때가 있다. 발언 기회를 충분히 얻기 어렵기 때문에 말할 수 있을 때 필요한 말을 다 해버리는 습관이 들어서인지, 단순히 하고 싶은 말이 많아서인지는 잘 모르겠다. 다만, 말이 너무 빠르면 듣는 쪽에서는 버겁다고 느끼고 집중이 쉬 흐트러진다. 남성들과 대화할 때 가장 큰 스트레스가 상대방을 무시하고 아는 척을 과도하게 하거나(전문가가 나일 때조차! 남자 고등학생이 나에게 영화를 가르치려고 할 때도 있다!), 내가 하는 말을 아무렇지 않게 끊어서 (말 끊지 말라고 분명히 말하기 전까지 계속해서 말을 끊으며 끼어든다) 생긴다면, 여성들과 대화할 때는 하고 싶은 말이 끝날 때까지 혼자 빠르게 쉬지 않고 말하는 사람을 볼 때 고통받는다.

사회생활하며 '높은 분'을 만날 때, 나는 대체 무엇을 위해 그 자리에 앉아 있는지 답 없는 질문에 빠질 때가 있다. 높은 분들은 높은 확률로 남성이고, 그들은 본인의 tmi로 대화를 시작한다. 아주 천천히 느긋하게, 혼자 웃어가면서, 오늘 날씨가 어떻고 주말에 낚시를 갔는데 수확이 어땠고, 요즘 젊은 사람들은 뭐가 문제고 하는 이야기를 아무의 방해도 받지 않고 늘어놓는다. '높은 분'은 세상 시간을 혼자 다 가진 사람처럼 말하고, 나를 비롯한 성별 불문의 아랫사람들은 여기가 웃는 포인트인지, 저기서 탄식을 하면 되는지 눈치게임에 바쁘다. 사회생활을 하며 나이를 먹으면 어느새 윗사람이 되고, 아랫사람이 생긴다. 그만큼 조직에서 지는 책임이 커지기도 하지만 급여도 올라가고, 아무 말이나 해도 찰떡인지 콩떡인지 잘 들어주는 사람들이 생긴다. 아무리 봐도 똥인데 이게 찰떡인지 콩떡인지 고민하는 인생을 언제까지… 그렇게 정신을 놓고 있다 보면 갑자기 화제가 외모 품평으로 빠진다. 회사 외모 톱5를 꼽거나, 여기 있는 남자들 중 사귀어야 한다면 누굴 사귀겠냐고 묻거나. 참 말이 많다.

　여성은 주로 '듣는 사람'이기를 요구받는다. 가끔은 방청객이 된 느낌이 들 정도다. 틀린 말을 바로잡으려고 해도 일단 끝까지 들으라는 말을, 20대에는 많이도 들었다. 나는 몇 년간 외국 잡지 기사 번역 아르바이트를 했는데, 여성 패션지에 등장하는 데이트 조언을 보면 남자가 아무리 헛소리를 해도 맞장구쳐주고 칭찬해주라는 말이 나온다. 어떤 여성이 말해준 '작업의 기술'은 "아~ 그렇구나~"라는 말이었다. 말을 길게 하지 말라나. 세상에.

　어쨌거나, 낮은 목소리로 천천히 말하면서 상대에게 내 이야기를 들리게 하는 경험 자체가 여성의 성장기에 존재하지 않는 영역인 경우가 많이 있다. 공적인 자리에서 듣는 사람을 염두에 두고 말하는 습관이 되지 않아, 사석에서 말하는 습관을 공석으로 그대로 끌고 들어와 버리는 모습을 볼 때가 적지 않다. 상대가 말을 끊을 때 "잠깐만요" 혹은 "제가 먼저 얘기하고 있잖아요" 혹은 "제가 마저 이야기하겠습니다"라고 단호하게 말하는 것도 필요하다. 그런데 당신이 젊은 여성이고 상대가 노회

한 남성이라면 그 말은 높은 확률로 "어휴, 무서워서 어디 말하겠나. 마저 말해봐요" 같은 반응 혹은 짜증 섞인 분노를 되받게 된다. 그런 맞서는 경험을 쌓지 않으면, 내 말을 들어주는 사석에서만 신나게 말하는 사람이 된다. 처음부터 말 잘하는 사람은 없다. 그리고 커뮤니케이션을 할 때는, 말의 속도를 늦추고 상대의 반응을 보면서 주고받고 해야 대화에 진전이라는 게 생긴다.

여성은 주로 '듣는 사람'이기를 요구받는다.

가끔은 방청객이 된 느낌이 들 정도다.

'왜냐하면' 대화법

여러분, 두괄식입니다.

명심하세요, 두괄식입니다.

제가 글쓰기에 대해 처음 배웠을 때 제가 존경하는 분 말씀이, 한 문장씩 쌓아가서 글의 마지막에서 폭발력을 지니는 글을 쓰라고 하셨거든요? 정말 멋진 말이지요? 저도 그 말이 멋지다고 생각했는데, 아무리 생각해도 어떻게 해야 하는지 모르겠는 거예요. 영화와 소설을 보다 보니 어떤 건지는 어렴풋이 감은 잡히는데, 알겠는 것과 할 수 있는 건 다르잖아요? 게다가 마지막 문장의 한방을 기다리며 한 문장씩 긴 글을 읽어가는 독자가 얼마나 될까 하는 회의감도 저를 덮쳐오지 않겠어요? 그러던 중에 정말 세상이 바뀌어버렸어요.

유튜브를 생각해볼까요. 유튜브 영상에는 오프닝이 없어요. TV나 라디오의 문법으로는 '오프닝 토크'라는 게 있었거든요. 안녕하세요? 요즘 날씨가 덥죠? 춥죠? 하늘이 높고 광활한데? 휴가는 다녀오셨어요? 이런 말 말이에요. 그런데 유튜브는 바로 본론으로 시작합니다. 시작하고 바로 '재밌겠는데?' 하는 인상을 주지 못하면 영상을 꺼버리니까요. 많은 글도 그렇게 변화했어요. 초반에 관심을 확실히 끌지 않으면 끝까지 읽히기가 어려워진다는 말이죠. PPT를 만들 때도 마찬가지. 초반에 눈길을 끌지 않으면 청중은 금방 관심을 다른 곳으로 돌려버립니다.

유려하게 구성해 스토리텔링을 하는 능력, 그렇게 사람들을 휘어잡는 능력을 가진 이가 아니라면, 두괄식 구성을 한 뒤 해설하고, 결론에서 다시 한번 처음 말한 사항을 강조하기가 효과적입니다. 그럴듯한 말은 들은 듯한데 그래서 어쩌라는 건지 모르겠다는 느낌만 진하게 남는다면 실패한 말하기라고 할 수 있지 않을까요. 그러니까 초반에 승부를 걸어요.

'왜냐하면' 대화법이라고 말한 건, 결론을 초반에 말한 뒤 '왜냐하면'에 해당하는 이야기를 붙이는 게 효율적이기 때문입니다. 이것저것 이유를 나열한 뒤 결론으로 "그렇기 때문에"를 붙이는 것보다 낫다는 말이거든요. 심지어 '왜냐하면' 뒤에 대단한 이유가 붙지 않아도 사람들은 설득당할 확률이 높다고 합니다.

1970년대 하버드 대학교의 엘렌 랭거라는 심리학자가 진행한 실험이 '왜냐하면' 효과를 입증했다고 합니다. 랭거의 실험은 부탁을 할 때, 부탁의 내용을 먼저 말하고 "왜냐하면"이라고 이유를 붙였다고 합니다. "실례합니다만, 제가 먼저 복사기를 사용해도 될까요? 왜냐하면 제가 굉장히 급한 상황이라서요." 이렇게 말할 때 94%의 사람들이 양보를 했다고 합니다. 《웃는 얼굴로 구워삶는 기술》이라는 책에 등장하는 이 실험은, '왜냐하면' 뒤에 별 대단치 않은 아무 말이 따라붙어도 효과가 있다는 사실을 덧붙입니다. "실례합니다. 제가 다섯 장만 복사하면 되는데요, 복사기를 먼저 사용해도 될까요? 왜냐하면 제가 복사를 해야 하거든요." 이런 말을 들은 사람들은 비웃는 대신 93%의 확률로 양보해주었다고 합니다. 그런데 부탁할 때 쓰는 '왜냐하면'의 힘은 큰 부탁일수록 약해진다고 해요. 큰 부탁이라면, 거래라면, 상대도 얻는 게 있다고 생각이 들어야 응하기 마련이니까요.

자기소개서 쓰고 읽기

학생들 대상 강연에서 자주 하는, 쓰고 말하기 연습법이다.

A4용지 한 장 분량으로 자기소개서를 쓴다. 그 글을 처음부터 끝까지 읽는다. 읽다가 매끄럽게 읽히지 않고 자꾸 말이 걸리는 부분이 있으면 그 부분을 (1) 문장을 끊어서 짧게 만든다. (2) 주어와 술어의 호응이 맞는지 본다. (3) 특정 발음에서 계속 멈추게 된다면 그 단어를 다른 표현으로 교체한다. 처음부터 끝까지 멈추지 않고 읽을 수 있을 때까지 반복해서 읽는다. 더 천천히 읽는다. 문장을 끊을 곳을 찾아보고, A4용지 분량이면, 세 번에서 다섯 번 정도 끊어 읽는다. 다시 읽는다. 다시 찬찬히 읽으면서 스마트폰의 녹음 기능을 사용해 녹음한다. 들어본다. '잘 들리는지' 확인한다. 원고를 보지 않고 쓴

내용이 기억나는 대로 다시 녹음한다. 들어본다. 중요한데 빼먹은 내용은 없는지 확인한다.

마지막으로 빨라지거나 말소리가 작아지는 부분이 있는지 확인한 뒤 문제가 되는 부분을 의식해서 다시 녹음한다.

스몰토크의 도

스몰토크는 가볍게 주고받는 말을 뜻한다. 좀 더 자세히 말하자면, 일로 알게 된 사람과 일을 하는 중에 주고받는 별것 아니지만 분위기를 살리는 대화를 일컫는 표현이다. 사적으로 깊은 대화를 할 생각은 전혀 없지만, 일단 아무 말이든 해서 경직된 분위기를 부드럽게 만들고자 할 때 나누는 '이말 저말'이다. '침묵'이 너무 무겁게 좌중을 짓누를 때 가볍게 웃으며 화제를 전환할 수 있는, 혹은 대화를 재개할 수 있는 말이다. 일로 알고 지내는 상대의 신뢰와 친근감을 얻을 수 있는 쉬운 방법이기도 하다. 이렇게 말하면 '그거 참 좋구나' 싶지만, 그래서 그걸 어쩌라는 건지 알 도리가 없었다.

임철웅의 《스몰토크》라는 책을 보면 스몰토크를 한담, 잡담, 수다 정도로 번역 가능하지만 기본적으로 한국에 없던 개념의 커뮤니케이션이며, 미국식 대화 문화라고 정의한다. 그래서 미국에서 직장생활을 하는 사람들에게 물어보았다. "스몰토크로 무슨 얘기를 합니까?" 가장 많이 들은 말은 "경우에 따라 다르다"라는, 답변계의 만병통치약이었다.

그리고 내가 경험한 스몰토크에 대해 생각해봤다. 회의 중에 오가는 스몰토크에 해당하는 말을 듣고, 웃는 사람이 있는가 하면 시간낭비 한다며 욕하는 사람도 있다. tmi라고 짜증내는 사람이 있고, 그런 말을 잘 기억했다가 다음 번 미팅 때 언급하는 사람이 있다. 여기까지는 스몰토크 문화가 없는 한국인들의 인식차이인 듯하다. 애초에 '용건만 간단히'가 에티켓이라고 생각하는 사람들도 많이 봤고, 나 역시 그중 하나다. 내가 가장 좋아했던 동료와의 회의는 언제나 각자 충분히 생각해와서 빠른 속도로 안건을 처리하는 방식이었다. 회의 중에 왜 분위기가 화기애애해야 하는가? 일로 아는 사람 아이의 피아노 진도나 고양이 사료에 대해 알고 싶지 않다. 그냥 빨리 일하고 각자 갈길 갑시다.

하지만 깊은 인간혐오에 시달리는 나조차도 소소한 화제로 같이 웃은 사람에 대해 더 호의적이 되고, 최소한 상대를 더 잘 기억하게 됨은 부인할 수 없다. 게다가 일을 하다 보면 불가피하게 시간이 늘어지고 테이블 위에 침묵이 드러눕는 사태를 피하기 어려운데, 이런 때 어떤 말을 꺼내야 하는지에 따라 '같은 팀'에게서도 '상대 팀'에게서도 뜻밖의 득점기회를 얻게 된다. 이 득점이 연봉인상 같은 눈에 보이는 효과로 이어지는지는 모르겠으나 다음 일은 확실히 물어준다. 누구나 함께 시간을 보내는 일이 유쾌한 사람을 원한다. 일로 아는 사람도 인간관계니까.

스몰토크랍시고 오간 말이 불쾌한 기억으로 남아 있다면 그 이유의 태반은 스몰토크의 화제 때문일 것이다. 한국에서는 하나도 스몰하지 않은 말을 연타로 던지는 일을, 잠깐만 넋 놓고 있으면 당하곤 한다. 처음 만난 사람이 "어유 안녕하세요" 직후에 "나이가 어떻게 되세요? 결혼하셨어요? 애인 있어요? 어디 살아요? 학교 어디 나오셨어요? 저 아는 애가 그 학교 나왔는데, 혹시 XXX

아세요?" 같은 질문을 쏟아내는 일. 특히나 "XXX 아세요?"라는 말은 늘 나를 경이롭게 하는데, 같은 동네에 살아서, 같은 학교에 다녀서, 같은 업계라는 이유로 저 질문은 수시로 튀어나온다. 이렇게 오간 정보는 그 사람을 수식하는 말로 흔히 쓰인다. 한국인이 다른 누군가를 설명하는 방식은 온갖 개인정보를 담고 있는데, 이런 식이다. "XXX 알아? XX에서 고등학교 나와서 XX대 XX과 나와서 XX회사에 다니다가 지금은 XX에 다니는 앤데, 걔가 X년 전에 XX하는 사람하고 결혼해서 이번에 애를 낳았거든. 걔네 시누이가 XX학교 나와서 XX를 하는데…" 그냥 자기 아는 사람이 이번에 종갓집 김치를 샀는데 맛있더라는 말을 하려고 저런 온갖 정보가 나열되는 일을 본다. 가장 놀라운 것은 그 모든 것을 다들 기억하고 있다는 것이다.

필요 이상으로 사적인 질문을 하지 말라는 분위기가 조금씩 생겨나고 있지만, 자발적으로 자기의 모든 것을 알려주고 싶어서 몸부림치는 사람을 막을 도리는 없다.

어쨌거나, 스몰토크는 기본적으로 내용보다는 기능

이 중요한 발화다. (하지만 결국 그 내용을 잘 골라야 기능을 한다는 점은 다른 모든 발화행위와 같다.) 그래서 가장 많이 등장하는 화제는 '일반적'이고 '누구나' 경험할 확률이 높은 날씨, 스포츠, 인기 있는 영화나 드라마 등이 된다. 스몰토크에서 절대 피하라는 화제는 정치적 성향이나 종교가 대표적인데, 가치관을 필요 이상으로 잘 드러내는 동시에 다른 의견을 수용하거나 거부하기까지 오랜 시간에 걸친 대화가 필요하고 그 과정에서 대체로 불쾌한 말이 오가기 때문이다. (내 경험으로 스포츠에 대한 화제 역시 국가대표 경기가 아니면 서로 다른 팀 팬들끼리 서로 놀리다가 기분이 상하곤 하더라. 김연아 선수의 경기 직후에는 누구나 화기애애하게 분위기를 전환할 때 김연아 선수 얘기를 할 수 있지만 프로야구팬과 프로축구팬은 딱히 접점이 없다.) 날씨 얘기는 너무 많이 하니까 식상하다고 생각할 수도 있지만, 그만큼 무난한 화제이다.

영어권 국가에서 물건 값을 계산하거나 우버 혹은 리프트 같은 차량공유서비스를 이용할 때, 가장 쉽게 주고받는 말은 "오늘 어때?"다. 대체로 "좋아"로 시작하는 답을 하게 되는데, 설령 좋지 않은 일이 있다고 해서 시시콜콜 떠들지 않는다는 것이 스몰토크의 암묵적 합의라는 점을 기억하자. 중요한 정보를 주고받기 위한 대화가 아니니까.

옷차림이나 외모에 대한 말은 피하자. 칭찬하면 좋으리라 생각하는 많은 사람들이 다짜고짜 "예뻐진 거 같은데 좋은 일 있나 봐요?" "살이 좀 빠지셨나 봐요?" "피부가 좋아지셨네요?" 같은 말을 할 때 어찌해야 좋을지 모르겠다. 외모에 대해서 언급하지 않는 편이 좋다고 하니까 "이런 말 하면 안 된다고 하지만 살 빠진 거 맞죠?"라고 굳이 묻는 이도 봤다. 좋아 보인다, 옷이 잘 어울린다 정도의 말은 괜찮다고 생각하지만, 딴에는 칭찬이라고 하는 말이 외모 품평으로 빠지기 쉽다는 점을 기억한다면 가능한 아예 언급하지 않는 편이 좋다.

이런 말을 하면 그러면 무슨 말을 하라는 거냐고 따지는데, 차라리 식상한 날씨 얘기가 안전하다. 한국의 기후변화는 늘 다이내믹하니까. 더워죽거나 추워죽거나 습해서 죽거나.

　가장 편하게 오가는 스몰토크는 본인이 하는 운동, 함께 사는 동물, 인기 있는 영화나 TV 프로그램 등인데, 이것도 대화라서, 상대와 분위기에 따라 환대받는 정도가 다르다. 반복적으로 만나는 상대와의 스몰토크를 잘하는 사람을 보면, 상대가 한 말을 잘 기억하고 있다가 관련한 질문을 과하지 않게 한다. 이사 준비하느라 힘들다고 했던 말을 기억한다면 "이사는 잘 마치셨어요?"라고 묻는다거나. 이것 역시 지나치면 잘 모르는 사람이 내 사생활을 시시콜콜 기억하는 듯하다는 거북한 감정이 들게 하므로 정도껏 해야 한다.

　어렵다. 당연히 그렇다. 애초에 한국에는 스몰토크라는 문화가 따로 없이, 그저 사생활 침해와 오지랖 넘치는 참견이 모두를 불쾌하게 만들곤 한다. 어떤 동료끼리는 아파트값 등락폭 이야기를 스몰토크로 느끼고 즐긴다. 나도 누군가와는 애인 이야기를 시시콜콜 나눈다. 하지만 '내가 하고 싶어서' 아무나 붙잡고 아무 말이나 하지 않아야 한다고 늘 염두에 두는 편이다. 한국에서는 사적인 질문과 호기심을 줄이는 편이 더 낫겠다는 생각이 들곤 한다. 특히 사회생활을 10년 이상 한 사람이 나이가 어리거나 경력이 짧은 사람에게 질문할 때는 더 주의할 필요가 있다. 새 팀원이 들어오면 부모님 직업, 자취 여부, 애인 유무, 애인과의 관계가 원만한지, 애인의 직업은 무엇이며 결혼 예정이 있는지를 정말 '자연스럽게' 묻는 일은 그만두는 편이 낫다. 이 글을 쓰다 보니 한국 직장생활에서는 사생활에 대해 덜 묻는 게 '현명한' 스몰토크의 요령처럼 느껴지는데, 실제로 그렇다.

한편 내가 직장생활을 하면서 얻는 가장 큰 도움 중 하나는 '스몰토크'다. 따로 친교를 위한 시간을 내지 않고도, 회사에 가면 날씨부터 맛집까지, 새로 개봉하는 영화부터 여행정보까지 지나가며 나누는 말이 있다. 회사에서도 혼자 앉아 일하는 시간이 많음에도 불구하고 그런 별것 아닌 대화가 혼자 있는 시간을 더 즐기게 해준다. 굳이 시시콜콜한 말을 주고받기 위해 따로 시간을 낼 필요 없이, 출퇴근만 해도 인간에 대한 충분한 커뮤니케이션과 환멸을 느끼게 해준다. 아, 이게 아닌가.

한국에서는 이상할 정도로 모르는 사이에 '욕'으로 하나되고 친해지는 경향이 심한데, 그런 대화는 몹시 재미있을 수 있으며 그래서 위험할 정도로 당신의 밑바닥을 드러내는 경향이 있다.

팀원에게 하면 안 되는 이야기

직급이 비슷하거나 입사 동기인 사람, 상사와 나눌 수는 있지만 부하 직원에게 하지 않아야 하는 이야기라는 장르가 있다. 회사에서 현재 진행하는 일에 대한 구체적인 불만사항도 그 중 하나인데, 부하 직원 입장에서 보면 상사는 그에 대한 책임이 있는 사람 중 하나. 회장의 결정이야 누가 말리겠는가만, 부서장이 본인이 결정한 일에 대해 "사실 나는 하고 싶지 않았어" 같은 말을 뒤늦게 해봐야 소용없다. 동료들의 신뢰를 잃는 지름길이다.

또래의 동성 친구가 중요한 것은 이 지점에서다. 젊은 사원이던 때는 대체로 세상 모두가 내 위에 있고 나는 책임질 일이 없고 그러니 뒤에서 욕하지 못할 사람은 없다. 그런데 나이 든 사람이 젊은 직원하고 동등한 위치에서 이해받고자 할 때, 그만한 꼴불견이 없다(고 많이들 느끼는 듯하다). 직급이 올랐다고 하소연할 게 없을 리는 없다. 그럴 때는 또래 동료들, 친구들이 좋은 이야기 상대가 된다.

직급이 올랐다고 해도 많은 직장인들은 딱히 결정권이라는 걸 자유롭게 갖는다고 느끼는 법이 없다. 하지만 아랫사람 입장에서 보면 다 비겁한 변명이다. 그래서 윗사람이 되기 싫어하는 여성들도 있다. 나쁜 결정들에 참여하는 것 말고 득이 없다고 느껴서. 하지만 그런 일에 함께할 사람들이 있다면, 어렵기만 한 일은 아니다. 실무에 머문다고 해서 정년이 길어지는 것은 아니다. 어려워도 책임지는 자리에 가는 경험이 커리어의 성장을 불러온다. 책임지는 자리에 여성들이 많이 도달해야 다른 여성들을 능력에 맞는 자리에 배치하는 데 적극적으로 기여할 수 있다. 그것이 광의의 협업이다. 내가 겪는 어려움을 토로할, 비슷한 사회 경험을 가진 지인들을 만들어라. 당신을 가뜩이나 어려워하는 부하 직원 앞에서 "나도 힘들어" 운운하는 건 정말 도움이 되지 않는다.

인생은 피드백

내게는 좌우명이 없지만 있다면 "인생은 피드백"이 아닐까 한다. 나는 내가 좋아하고 나를 좋아한다고 생각하는 사람이 내가 하는 일에 대한 피드백이 없을 때 그에 대해 신경질적으로 반응하는 경향이 있다. 이것은 나의 성격적 결함이라고 할 수 있는 수준인데, 그것은 내가 하는 일의 특성상 나는 거의 항상 피드백에 엄청나게 신경 쓰며 살기 때문이다.

　"나는 기준이 엄격해서" 진짜 좋은 것을 좋다고 말할 뿐이야! 라고 생각하는 사람들이 많은 것은 알겠지만, 그런 기준으로 판단하면 나도 좋은 피드백을 할 필요가 없었을 그 수많은 경우를 떠올리게 된다. "나는 좋은 것만 좋다고 한다"는 말. 나도 그렇다. 하지만 상대에게 좋은 피드백이 필요하다는 생각이 들 때, 그런 말을 굳이 건네기도 한다. 피드백은 업무로 알고 지내는 사람들끼리의 가장 중요하고 애정 어린 스킨십이라고 나는 믿어 의심치 않는다.

나는 부정적인 피드백도 많이 한다. 이런 때는 일과 나를 분리하자는 전략에 충실하려고 한다. 내가 받는 부정적 피드백을 인신공격과 분리하듯이, 내가 하는 부정적 피드백이 상대에게 그렇게 들리지 않기 위해 노력한다. 비판이 곧 생산적인 조언은 아니다. 특히 감정적인 말이 섞인다면 더 그렇다. 말은 이래도 나 역시 피로와 화를 참지 못할 때는 분명 있다.

나는 내가 처음으로 긍정적 피드백이라는 것을 통해 성장하는 경험을 했던 때를 기억한다.

실리콘 밸리의 IT회사에 다니는 분들의 이야기를 들어보면, 그곳은 과장을 보태 말하자면 매니저의 업무평가가 대체로 좋은 말로 이루어져 있기 때문에 '아주 좋은 표현들로 범벅된 게 아니라면' 안 좋은 평가라는 희한한 기준을 가지고 있었다. 즉, '보통'이 '참 잘했어요' 정도라는 말이다. 《실리콘밸리의 팀장들》이라는 책 역시 피드백하는 법을 다룬다. 비판을 할 때는 무조건 칭찬과 섞어 해야 하고 구체적인 해결책이 필요하며, 문제가 무엇인지 듣는 사람이 분명히 인지할 수 있어야 한다는 점을 분명히 짚는다. 정말 '참 잘했어요'는 그러면 뭐라고 해야 하는가? 자, 여기부터가 흥미로운 이야기다.

내 직장생활 초기에 부정적 피드백과 긍정적 피드백 모두를 가장 많이 주었던 상사를 나는 몹시 신뢰했는데, 신뢰한 이유는 아주 단순했다. 그가 나의 퍼포먼스를 정확히 꿰뚫어본다고 느껴서였다. 열심히 했는데 결과가 좋지 않다면 그는 아무 말도 하지 않고 본인이 수정 작업을 시작했다. 내가 열심히 하지 않았고 결과도 좋지 않다면 그는 일을 다시 해오라고 했다. 일을 열심히 했고 결과도 좋다면 모두가 알게 했다. 내가 열심히 했는지 안 했는지를 어떻게 알았는지는 모르겠지만, 내가 일하는 과정을 누구보다 신경 써서 보고 있다는 것만큼은 의심한 적이 없다. 그래서 인정받고 싶은 마음에 열심히 일했고, 그 결과는 이후 내가 받은 아주 많은 이직 제안으로 이어졌다. 내가 업무에서 성장하고 있다는 느낌은,

그런 확실한 피드백에서 온다.

자, 그래서 피드백은 어떻게 하는가. 긍정적인 피드백도 부정적인 피드백도 구체적으로 해야 한다. "와, 정말 좋았어." "엇, 정말 좋다." "오, 정말 좋은데." 이 세 가지로 모든 피드백을 대신한다면 정말이지 아무 짝에도 쓸데없고 그런 말을 남용하는 사람처럼 보인다. 피드백의 언어는 내가 가르치기가 불가능한데, 그것은 바로 '구체성' 때문이다.

문제는, 피드백이라는 것이 지닌 원천적인 주관성에 있다. 앞서 나는 내가 피드백을 통해 일을 배운 직장 초년생 시절의 경험을 이야기했는데, 이후 지금까지 여러 명의 상사와 일을 하면서 상사마다 피드백 하는 포인트가 다르다는 사실을 알게 되었다. 이전 상사에게 좋았던 퍼포먼스는 새 상사에게 맞지 않을 수 있다. 특히나 직장에서의 인간관계는 일만으로 이루어지지 않고 감정이라는 변수가 존재하는 데다가, 객관적 지표를 피드백의 이유로 제시하기 어려운 업무 분야도 많이 있다. 실적만 가지고 평가하기도 어렵다. 시장 상황, 담당하고 있는

업체 혹은 분야에 따라 노력 여부와 무관하게 실적이 나빠지기도 하는데, 상사 입장에서는 실적이 나쁜 상황에서 좋은 피드백을 줄 여유가 없을 때도 많다. 그 자신이 윗사람에게 실적으로 쪼이고 있다면 더욱 그렇다.

확실한 것은 거의 항상 긍정적 피드백이 부정적 피드백보다 효과가 좋다는 것이다. 잘하는 것을 더 잘하게 독려하는 편이 부족한 것을 개선하라는 요구보다 언제나 잘 먹힌다. 늘 실적이 좋고 긍정적인 평가를 받는 사람이라고 해서 부정적인 말도 흔쾌히 받아들인다? 이런 경우를 본 적은 거의 없다. 내가 글쓰기 강의를 할 때 피드백을 하는 과정에서 노력하는 것은, '반드시 고쳐야 할 실수'에 해당하는 게 아니라면 좋은 점을 강조해 말할 수 있도록 글쓴이의 글을 꼼꼼히 검토하는 것이다. (하지만 그렇게 되려면 일정 수준의 글을 쓰는 사람이어야 한다.)

부정적 피드백을 반복하면 어떤 상황이 되느냐? 실수를 하지 않는 보통의 퍼포먼스가 나온다. 어떤 일이든 아주 잘하는 사람을 보면, 단점이 없는 게 아니라 자신이 잘하는 부분을 아주 잘 해낸다. 피드백을 받는 입장에서도, 잘했을 때 확실히 잘했다는 말을 듣는 게 도움이 된다. 내가 글을 쓰는 일을 더 잘하고 싶었을 때, 말하는 일을 더 잘하고 싶었을 때, 전부 긍정적 피드백이 큰 힘이 되었다. 게다가 <u>긍정적 피드백을 적절하게 주는 사람이 부정적 피드백을 줄 때 불쾌함을 억누르고 단점을 보완하기 위해 노력하게 된다.</u> '나쁜 말만 하는 사람'이 아니라 '나를 업무적으로 신뢰하는 사람의 조언'으로 받아들이기 때문이다. 당근과 채찍으로 효과를 보려면 당근을 많이 풀고 채찍은 아껴가며 써야 한다. 그리고 이런 방식을 채택하다 보면 무척 에너지 소모가 크기 때문에, 성장 가능성이 높은 사람을 가리게 된다. 노력하고 있거나 좋은 결과를 내고 있거나.

연차가 올라가고 나이가 많아진다는 말은 당신에게 긍정적인 피드백을 해줄 사람이 줄어든다는 뜻이기도 하다. 내가 '인생은 피드백'이라는 좌우명 아닌 좌우명을 가지고 있다는 말은, 내가 꼭 '함께' 일하는 사람이 아니어도, 내 윗사람이거나 아랫사람이거나 무관하게, 나이

와도 무관하게, 좋은 결과물에 대한 칭찬을 하는 데 인색한 사람이 되지 않겠다는 다짐이다. 그리고 당연하게도, 내가 뭘 하든 어떤 성과를 보이든 무관심한 사람이라면 굳이 그런 피드백에 신경 쓰지 않는다는 뜻이기도 하다. 나의 시간도 관심도 유한한 자원이다. 선택과 집중이 필요한.

+

20대와 30대에 어렵사리 들어간 직장을 그만두는 이유를 물어볼 때, 가장 많이 듣는 대답이 '비전이 없어서'이다. 그런 말을 하면 40대 이상은 "누군 비전이 있어서 다니나" 같은 답을 한다. 답답한 노릇이다. 일단 40대만 되어도 더 나은 직장으로 이직할 가능성이 낮아지고, 새로 공부를 시작하기도 쉽지 않다고 느낀다. 게다가 수입은 20대, 30대보다 높다. 그러니까 알량하다 해도, 비전은커녕한 치 앞도 안 보인다 해도 일단 자리를 지키는 편을 선호한다. 그런데 20대, 30대는 그렇지 않다. 젊은 직원들이 회사에서 비전이 보이지 않는다고 할 때는, 업계의 미래를 뜻하기도 하지만 윗사람들을 뜻하기도 한다는 사실을 잊지 말자.

해결사가 됩시다

여성과 남성의 커뮤니케이션이 다르다고 말할 때 가장 흔하게 나오는 분석은 여성은 (문제 해결에 집중하는 남성과 달리) 공감하는 대화를 원한다는 것이다. 그냥 한바탕 욕을 쏟아내고 신세 한탄을 한 뒤에 원래 상황으로 돌아가 하루를 견디게 하는 힘을 얻는 식이다. 여성이 경험하는 문제에 대해 토로하는 말을 듣는 입장에 있을 때 문제 해결을 하려 들지 말고 그냥 들어주고 공감하라는 조언은 흔하다. 타인에게 상담을 할 때 남성은 문제를 해결하려고 하고 여성은 공감을 얻고자 한다는 속설.

이게 성별에 따른 일반화가 가능한 사안인지 잘은 모르겠다. 우리의 성별이 무엇이든, 우리가 겪는 문제들 중 다수는 '해결하기가 어렵기 때문에' 타인에게 고민하고 상담한다. 하지만 해결할 생각이 '노골적으로' 없는 문제를 하염없이 듣고 있을 때면 괴로워 죽겠다.

언젠가 어떤 수업 시간에 알게 된 분이 가족과 관련된 고민을 털어놓는 걸 듣게 됐다. 모든 사람들은 머리를 맞대고 이런저런 해결책을 제시했는데, 이분이 갑자기 "하지만 어쩔 수 없어요. 그냥 하소연이라도 하고 싶어서 말을 꺼냈는데, 말하고 나니 훨씬 좋네요. 이 수업이 끝나지 않았으면 좋겠어요"라고 하셔서 당황한 적이 있다. 장성한 자녀들과 관련된 고민이었고, 그 해결이 쉽지 않다는 점은 충분히 이해했지만, 타인의 조언은 필요 없고 그냥 들어줄 사람만 있으면 된다는 식으로 느껴졌다. <u>그냥 현실을 더 견디기 위해 대나무숲에서 소리 한번 지르고 싶은데, 현실의 대나무숲으로 타인을 이용하는 것이다.</u>

가끔 너무 힘든 상황이 연달아 찾아오면 그냥 하소연만이라도 하고 싶다는 생각을 한다. 왜인지 모르지만 그런 사람의 상담 상대가 자주 되곤 하는 나로서는, 언어라는 형태의 배설을 받아내는 기분에 빠질 때가 있다. 내가 어떤 말을 해도 상대는 내 말을 듣지 않는다. 어쩔 수 없다는 말만 되풀이한다. 그리고 정확히 같은 얘기를 얼마 지나지 않아 또 한다. 밤이고 낮이고 연락하는 그런 사람들과는 결국 관계를 끊게 된다. 왜냐하면, 그 사람은 자기에게 더 중요한 사람들과의 관계를 유지하기 위해서 그 관계로부터 오는 스트레스를 나에게 가져다 버린다고밖에 볼 수 없어서다.

하늘은 스스로 돕는 자를 돕는다. 하물며 신도 그러한데, 나약한 인간은 오죽하겠는가. 스스로 돕는 사람이 되자.

해결할 수 없는 문제니까 하소연만 하자고 생각하지 말고, 어떻게든 개선할 수 있는 방법을 찾아야 한다. 문제를 해결해야 고민을 안 하지, 문제는 그대로 두고 그때그때 스트레스만 풀려고 하면 어느 순간 터져버린다.

문제를 완벽하게 없애는 것만이 해결은 아니다. 어떤 문제들은 만성질환과 비슷하다. 죽기 전까지는 끌어안고 살아야 한다. 어차피 나을 병이 아니라고 함부로 살면 합병증이 생긴다. 질환이 생긴 뒤의 몸을 새로운 기준으로 판단하고, 그 상태에서 가능한 건강을 지속

할 수 있는 방법들을 써야 한다. 어쨌든 당신 자신이 살아갈 수 있도록 당신 자신이든 주변이든 바꾸어가는 것, 그렇게 나아질 수 있다는 향상심을 버리지 않는 것. 더디더라도 조금씩이더라도 문제를 해결해야 문제가 해결된다.

+

세상에는 숱한 난공불락의 문제들이 있고 그 다수는 인간과 관계있다. 타인이 문제일 때도 있고 자기 자신이 문제일 때도 있다. 옆에서 볼 때 버틸 수 있나, 해결할 수 있을까 근심하게 되는 상황에서조차 문제를 '개선'하는 존경스러운 분들이 있다. 때로는 나 역시 그들에게 그런 불가사의한 존재였다. 가까이 있는 사람들끼리는 절벽에서 탈출하는 법도 닮아가는 모양이다.

누구 한 사람만 앞에 있어도, 한 명만 눈에

보여도, 그 길을 선택하는 일에 도움이 된다.

여자의 자리가 정해져 있고 여자로만

대체되는 것은 아니다.

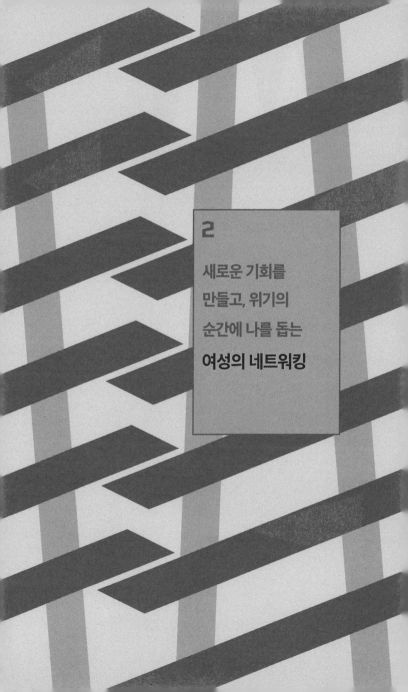

2

새로운 기회를
만들고, 위기의
순간에 나를 돕는
여성의 네트워킹

여성적 리더십

'여성적 리더십'을 화제로 작은 말다툼을 한 적이 있다. 라디오 프로그램 패널로 출연하러 갔는데, 녹음 전에 미국 대통령 선거 결과가 화제에 올랐다. 그날 다른 패널로 왔던 국립대 교수는 대선에서 도널드 트럼프에 패배한 힐러리 클린턴에 대해 '주는 것 없이 밉다'는 굉장히 전문가적이며 날카로운 (딴에는 그렇게 생각한 듯하다) 패배 이유 분석을 내놓았는데, 그의 말에 따르면 버니 샌더스가 후보에 올랐으면 민주당에 승산이 있었다고 한다. 한국에서 가장 좋은 대학에서 교수로 일하면서도 역사에 가정은 없음을 잘 모른 모양이다. 여튼, 내가 그 분석이 하나마나한 이야기이며, '왜 트럼프가 당선되었는가'에 초점을 맞춰야지 '왜 힐러리 클린턴은 안 되는가'에 초점을 맞추는 이유를 모르겠다고 하자, 그는 '주는 것 없이

미움'을 나에게 가르쳐주고 싶었던 모양으로, 자신이 일하는 대학의 행정부에서 최초로 여성이 리더로 임명되었는데 여성적 리더십을 발휘해서 걱정하던 모두가 감탄을 했으며, 자신 역시 여성적 리더십이라는 게 있구나 하는 결론을 얻었다는 요지의 이야기를 길게 늘어놓았다. 힐러리 클린턴이 여성이라 차별적 시선으로 보는 게 아니라는 증거로 자신도 여성을 높게 평가할 줄 안다는 증거를 내세운 것이다.

내가 그 말을 다 듣고 질문한 것은 한 문장이었다. "여성적 리더십이 뭔데요?" 그에게는 답할 말이 없었다. 일단 그의 말은 하나부터 열까지 다 틀렸다고 생각했다. 행정부 최초의 여성 리더라는 말은 그럴 듯하지만 2017년에서야 그런 일이 가능해진 게 자랑인가. 그 시기 뉴스 보도를 보면, 해당 학교는 여자 학생 비율이 40%지만 여성 교원은 15%에 그쳐 성비 불균형이 심각하다고 되어 있다. 진짜 문제는 '여성적 리더십'이라는 말이었다. 여성적 리더십은 뭐고 남성적 리더십은 뭘까? 그냥 리더십이라고 하면 안 되나? 왜 '여성적' 리더십을 찬양하는가? 그게

　　여성이 높은 자리에 있는데 일을 잘하면 '여성적 리더십'이라고 부르고, 일이 산으로 가면 갑자기 인간에서 암탉으로 격하된다. 심지어는 여성이 '장' 자리에 오르면, 예전 같으면 생각도 못할 일이라며(?) 축하한다는 의미에서(?) 농담 삼아(?) "예전엔 암탉이 울면 집안이 망한다고 했지만요" 같은 소리를 꼭 보태는 사람들도 있다. 남성적 리더십이라는 말은 쓰지 않는 걸 봐서는 리더십 자체에 남성적 속성을 넣어 생각하는 경향이 있나 싶기도 하다.

　　'여성적 리더십'이 아주 없는 얘기는 아니다. 문제는 이 표현이 등장하는 뉴스나 경제경영서를 보면 '어머니와 같은', '실수도 포용하는', '너그러운' 같은 단어가 함께 언급되는 경향이 많다는 데 있다. 맺고 끊기가 칼 같은 사람에게 '여성적 리더십' 운운하지 않는 걸 보면 '여성적' 자질을 무엇으로 생각하는지가 투명하게 보인다. '여성적으로 다르게'라고 판단하지 말고 그냥 일을 잘하면 잘한다고 평가하면 좋겠다. '여성적'이라고 말하는 특징이 대체로 약자들의 특징일 때는 이런 답답함이 더하다. 리더의 자리에 오른 뒤에도 여성들은 상냥하고 부드럽고 어머니 같거나 누나 같다는 말을 들어야 하는가.

리더의 자리에 오르는 여성이 극히 드물기 때문에, 소수의 여성이 여성 전체를 대표하는 듯한 상황도 자주 벌어진다. 일을 엉망으로 만드는 여성 리더는 당연히 존재하는데, 그 한 사람의 과오라고 평가하지 않고 '여성 리더들'이 다 그렇다는 식의 일반화가 손쉽게 이루어진다. 여자 상사와 일하는 남자 직원들이 무엇이 피곤하네 힘드네 하는 기사도 왕왕 보게 되는데, 남자 상사와 일하는 여자 직원들은 입이 없어서 그간 말을 안 했을까? 제발 물어봐달라! 13부작 특집기사 가능할 테니. 심지어 여기는 샘플이 많아! 윗자리는 대체로 남자들이 더 많거든!

게다가 여성이 리더가 되는 상황의 특수성도 있다. 단순히 관리직 차원을 떠나 가장 높은 자리에 여성이 오르면 '유리천장(여성의 고위직 진출을 막는 보이지 않는 장벽이 있다는 뜻)'을 깬 증거라고 생각하기 쉽지만, 그 자체가 '유리절벽(glass cliff)'인 특수 상황에서 자주 일어난다는 주장이다. 유리로 된 절벽처럼 위태로운 상황에서 정상에 오르기를 허락받는다는 뜻인데, 〈주간경향〉 1344호에 실린 정환보 기자의 "'유리천장·유리절벽' 혼자서는 힘들어요"라는 기사는 이와 관련해 영국 엑서터대 교수 미셸 라이언과 알렉산더 하슬람이 2005년 2월 영국 경영학 저널에 발표한 논문 〈유리절벽: 리더십 위기상황에서 여성이 과잉 대표되는 증거〉를 언급한다. 이 논문에서는 영국 FTSE 100 상장기업들의 이사 신규지명 사례를 조사했다. "그 결과 기업 실적이 5개월 연속 하락한 경우 새로 지명하는 이사는 여성일 확률이 높다는 경향성을 발견했다. 성과를 내기 힘든 위기상황에서는 많은 남성들이 이사직을 맡지 않으려 하다 보니 여성이 그 자리를 채우고 있다는 것이었다. 뒤집어 생각해보면 이는 여성 리더가 등장하는 상황은 그만큼 어려운 상황이라는 의미다. 달리 말해 성공할 확률보다 실패할 가능성이 높을 때 주로 여성 리더가 등장한다는 뜻이기도 하다."

좋은 기회는 여자에게 오지 않는다. 경험적으로 이런 '기분'을 느껴왔는데 실제로도 그런 경향성이 있다는 말이다. 승승장구할 때는 여성을 배척하다가, 위기에 처하면 여성을 리더로 내세우는 조직은 정치권에서부터 전 세계에서 비즈니스를 하는 IT기업까지 비일비재하다. 〈주간경향〉에서는 그 예로, 매체 환경이 급속히 온라인 중심으로 바뀌면서 위기를 맞은 뒤 2011년 여성인 질 에이브럼슨을 편집인(executive editor)에 앉힌 뉴욕타임스, 2014년 구글 출신의 마리사 메이어를 CEO로 영입한 야후, 대규모 리콜 사태로 휘청거리는 상황에서 메리 배라를 대표로 내세운 GM을 내세웠다. 브렉시트 투표 이후 영국 총리에 오른 테리사 메이는 '유리절벽'의 가장 분명한 사례로 꼽힌다.

여성 입장에서는 '유리절벽'이라고 부르지만 이런 때 리더의 자리에 오르는 여성이 맡게 되는 온갖 뒤처리에 대해 '설거지'라고 말하는 목소리도 존재한다. 그 표현에 대해 이의를 제기하면 '비유'일 뿐이라고 살살 웃는데, 그 또한 참.

참고로, '유리절벽'이 뻔하니 이번 승진 기회를 거절하겠다고 말하는 여자들에겐 모험심이 없고 자기 좋은 일만 하려고 한다는 말이 돌아온다. 이런 일을 나 자신이든 가까운 여성이든 누군가의 경험으로 알고 있다는 사실이 고통스럽다.

마지막으로, <u>뛰어난 극소수 여성만이 성공하기보다, 보통의 퍼포먼스를 내는 여성 다수가 지금보다 더 오래 일하며 더 높이까지 오르는 모습을 봤으면 한다.</u> 실무에 능한 여성이 팀장이 되고 관리직이 되면서 한창 실무를 하던 때의 총기를 잃는다는 말을 종종 듣는데, 그것은 여성의 문제만은 아니다. 다시 한번 말하지만, '여성적'이라는 꼬리표를 떼고 생각해보자. '남성적'이라는 꼬리표를 붙여본 적 없는 것처럼.

맺고 끊기가 칼 같은 사람에게 '여성적 리더십' 운운하지 않는 걸 보면 '여성적' 자질을 무엇으로 생각하는지가 투명하게 보인다.

여자쿼터

1년 정도 한시적으로 조직된 팀의 일원으로 일한 적이 있다. 엔지니어를 포함해 총 인원이 20여 명에 육박하는 팀이었다. 남자들을 포함해 전체 인원을 나이순으로 줄 세웠을 때는 내가 분명 하위권이었는데, 여자들만 줄 세우니 내가 최고 연장자였다. 그 팀 여자들 중에 나와 비슷한 포지션으로 일하는 분은 한 명이었는데 나보다 10살이 어렸고, 내가 그 일을 지속하던 1년여의 시간 동안 세 명이 그 자리에 앉았다. 그 팀 남자들 중 나와 비슷한 포지션은 10명쯤 있었다.

어느 날 나는 그 자리에 세 번째로 새로운 여성분이 일하러 오신 것을 보고는 알게 되었다. 전문성도 능숙함도 아닌 '젊은 여자'가 필요한 자리가 있었고, 그 자리는 그런 자리였다. 내가 앉은 자리는 여자와 무관한 '전문가'

자리였다.

각종 심사를 위한 자리에 가 보면 해마다 여자는 10명 중 두 명에서 세 명 사이다. 그래도 "올해는 여자분들이 많네. 여풍이야" 같은 말을 하는 중년 남성이 꼭 있다. 여풍이면 여자가 일곱에서 여덟 명은 되어야지. 과반수가 되려면 멀었는데도, 갑자기 수적 우세에 선 듯한 말이 오간다. 정년퇴직한 남자 교수님 뭐하시나 하면 그런 데 계신다. 정년퇴직한 여자 교수님은 사석이 아니면 뵙기 힘든데. 여자 임원진 비율은 또 어떤가. 국회의원이든, 지역자치단체장이든 한데 모아놓고 보면 한국의 인구는 남자 과잉이다. 여성가족부에 따르면, 2017년 기준 매출액 상위 500대 기업의 여성임원 비율은 3%에 불과하다. 높은 자리에 오르지 않아도 정규직으로 그냥 나이만 먹어도, 어느 순간부터 여자들이 줄어든다. 요즘엔 세상이 참 많이 좋아졌다며 여자를 한두 사람 끼워주는 시늉은 한다.

TV예능 프로그램이 정규 출연진을 구성하는 방식도 오랫동안 형님들과 아우들을 중심으로 이루어졌다. 여성은 남성 대여섯 명에 한두 명 정도가, 그것도 아이돌 뮤지

션들만 출연하곤 했다. 나이 든 여자들은 대체 어디로 갔는지. 강릉원주대학교 다문화학과의 김지혜 교수가 쓴 《선량한 차별주의자》에서도 이런 이야기가 나온다. "객관적인 지표가 명확함에도 불구하고 여성이 '평균적으로' 불리하다는 사실은 추상적이라 잘 와닿지 않는다." "반면 여성이 대통령의 지위를 갖거나 남성이 많은 직업군에 있으면 쉽게 가시화되기 때문에 그 수가 많은 것처럼 느껴진다."

그 결과 '여자쿼터'가 생기는 것이다, 전체 인원의 3할을 넘는 법이 없는. 미화 용역을 하거나 간병을 비롯한 돌봄노동을 하는 비정규, 저임금 인력 분야로 가면 여성이 언제나 압도적 다수지만, 그들의 관리직으로 가면 남성들이 많아진다. 여초 분야면 '승진'만 제대로 시켜도 여성 간부들이 다수가 되는 일을 피할 수 없을 텐데, 남성들은 인사이동 철이 되면 어디선가 홀연히 나타난다. 철새인가?

여자쿼터의 문제는 여성 간의 연대를 방해하는 주요 이유가 된다. 여자끼리 네트워킹을 하라는 말에 질색하는 사람도 본 적이 있는데, 네트워킹이 불가능하다는 항변이었다. 업계나 조직에서 자리 하나를 두고 소수의 여자들을 경쟁시키기만 하는데, 뭘 믿고 힘을 합치냐는 반문이다. 그럼에도 불구하고 여성끼리의 네트워킹은 도움이 된다. 이 이야기는 '네트워킹' 챕터에서 다시 나누자.

직장 자아

미국 드라마 〈킬링 이브〉를 보다가 소리를 내 웃은 대목
이 있다. 주인공 이브(산드라 오)는 영국정보부(MI6)의
요원이다. 이브는 여성 암살자가 국제적으로 활동 중이
라는 심증을 갖고 자료를 모으다가(윗선의 명령도 아니
고 개인적 호기심으로) 뛰어난 MI6 러시아 부국의 국장
캐롤린 마텐스(피오나 쇼)에게 발탁된다. 캐롤린은 이브
의 추측이 근거가 있음을 확인해주며 새로 팀을 꾸리게
한 뒤 보고를 받고, 이브는 전설적 국장인 캐롤린의 일하
는 방식을 옆에서 배울 기회를 얻는다. 그런데 알고 보니
캐롤린은 심적으로 흔들리는 남자 요원이 진실을 털어놓
게 하기 위해 마치 가족이나 연인처럼 어깨를 빌려줘 달
래는가 하면, 러시아 쪽 인사들과 같이 잔 적이 있고 그
들과 우정(?) 비슷한 관계를 유지하며 필요한 정보를 얻

는다는 식이다. (캐롤린은 그 우정을 과신해 이브도 쉽게 추론하는 적의 수상쩍음을 뒤늦게 알아차리기도 한다.)

　누구나 일상생활 할 때와 다른, 일을 할 때의 얼굴이 따로 있다. 안 그런 사람도 세상에 존재는 하겠지만 아마도 그런 사람들은 '갑'의 자리에 있으리라. 오랫동안 다른 이들과 호흡을 맞춰 일한 사람들은 일할 때의 자신과 일하지 않을 때의 자신을 혼동하는 듯 보이기도 한다. 지위가 올라갈수록 남의 눈치를 보거나 남의 의중을 알고 맞춰가며 일할 필요가 없기 때문일지도 모른다. 즉, 굳이 큰 노력을 기울이지 않고도 직장 자아가 편하게 유지되며, 때로는 직장 자아 쪽이 더 좋은 평가를 받는 사람들이 있다. 그런데 여자들의 경우는 더 복잡하다. 여자 선배들의 '사근사근'이라는 직장 자아를 꺼내들면 대체 어떤 얼굴을 하고 앉아 있어야 할지 알 수 없게 된다. '저렇게 해야 하나?' 마치 오래 산 부부처럼 시답잖은 농담을 주고받고, 별거인 일을 별것 아닌 것처럼 하하호호 웃으면서? 러시아 쪽 인사들을 만나기 위해 캐롤린과 동석했던 이브의 당황을 보며 나도 그런 기억들이 있음을 떠올렸다.

내가 아는 '직장 자아'는, 사생활이 공무에 영향을 끼치지 않게 하는 정도다. 집에서 무슨 일이 있었든, 그건 일하는 사람들과의 관계에 예의를 갖추지 않는 이유가 될 수 없다.

그리고 경험해보니 '남자다운 사근사근함'도 분명 존재한다. 그들은 여자 상사에게는 그렇게 하지 않지만 남자 상사에게는 그렇게 한다. 집에서는 "지금 바로 부엌에 가서 컵에 물을 따라 가져오시오"라고 말하지 않으면 알아서 물을 떠다 마시지도 않는다는 남자들이 사회생활하면서는 상사 이마에 땀 한 방울이 흐르면 피를 쏟는 것처럼 호들갑을 떨며 냉방 온도를 맞추고, 사돈의 팔촌이 대학 입시를 보는 문제까지 다 기억하고 있다가 말을 건넨다. 윗사람들도 마찬가지다. 윗사람도 눈치 볼 윗사람이 있기 마련인데(본인 문제든 자식 문제든), 그들은 고난이도의 설탕발림에 능해서 참 말을 예쁘게도 한다. 아랫사람에게 예의를 갖춰달라는 요구에는 노발대발하면서.

여성의 친절하고 예의 바른 일처리를 '사근사근'으로 쉽게 생각해버리지 말자. (때로 과할 정도의) 배려와 친절의 제스처는 여성만의 전략은 아니다. 하지만 그와 동시에, 윗사람이 되어가는 분들께 하고 싶은 말. 다음 세대가 사근사근하지 않다고 해서 그 행동을 '교정'하려 하지 말자. 여성들은 불특정 다수에게 '언제나' 친절하기를 요구받는다. 젊은 여자 직원을 미팅에 동석시켜서 '분위기 좋게 해보라'(대체 무슨 요구인지? 경험상 시시콜콜한 세상 이야기를 철없이 늘어놓아 사람들이 '요즘 젊은이들은'으로 시작하는 말을 유도하는 역할이거나 '아우 젊고 아리따운 여성분이 계셨구만' 하는 말이나 들으라는 뜻에 지나지 않는다)는 말을 하지 않았으면 한다.

프로젝트마다 팀이 바뀌는 조직에서 조직개편 뒤 나이 든 보스 '전담'으로 팀 내 가장 나이 어린 여성에게 '연락책' 임무를 주었다는 말을 듣고 이 문제를 생각했다. 젊은 여성은 당신들의 분위기를 위해 존재하지 않는다. 사회생활을 하며 싫은 자리에서도 싫은 티 안 내고 일할 수밖에 없는 사람이라고 해서 함부로 대하지 마라. 사회생활 운운하면서 젊은 직원에게 싹싹하기를 요구하는가? 당신들이야말로 직장 자아를 얼른 갖추어라. 일을 일답

게 하라.

+

선배 여성들의 처세술이란 남자들 사이에서 일하는 법에 특화되어 있을 가능성이 높다. 그리고 앞선 세대의 경험보다 더 많은 여성들과 함께 일하는 이들이 지금의 젊은 여성들이다. 〈킬링 이브〉의 저 장면에서 내가 얻은 교훈은 그것이다. 선배 여성들의 어떤 조언은 세상이 바뀌면서 쓸모없어진다. 지금 나의 조언 역시 마찬가지가 되리라.

++

사생활 자아와 직장인 자아가 반드시 같을 필요는 없다. 애인과의 의사소통이 동료와의 의사소통과 같다면? 안 될 말이지. 직장에서 필요한 건 '진심'보다는 함께 일하기 수월한 '일반인 코스프레' 쪽이다. 세상에 스스로를 이상적인 일반인으로 규정하는 사람은 없지만, 우리 모두 노력은 할 수 있다. 일을 할 때는 동료모드를 켭시다.

여자들끼리 꼭 나눠야 하는 이야기

전국 지사가 있고 해외 지사가 있는 대기업이나 큰 공기업에서 인사철에 (애석하게도) 흔히 보게 되는 일이 있으니, 그것은 바로 '사내 성추문 이후 지사에 가 있다가 돌아온 간부급 남성'에 대한 이야기다. 한국에서는 여간해서는 사내 성추문으로 해고되지 않는다. 그나마 이뤄지는 조치가 다른 팀 발령, 지사 발령이다. 그렇게 발령받는 자리는 흔히 '일은 적게 하고 월급은 그대로인' 곳이며, 직책은 거의 항상 그대로 유지된다.

"그 사람이 여자를 너무 좋아해! 인간애가 넘쳐!" 이런 술자리 농담을 처음 듣고 두 번 듣고 세 번 들었을 때, 나는 그게 정말 인간으로서의 여성을 좋아한다는 말인 줄 알았지 설마 상습적으로 성추행을 일삼는 사람인 줄은 몰랐다. 술자리에서 웃기는 얘기처럼 떠도는, 술 마시다가 취하면 그 자리에서 바지를 벗는 남자 간부 이야기는 또 어떤가?

서로 다른 매체에 있는 20대 여자 기자 셋이 술을 마셨다. 술을 마시다 어떤 남자 선배가 화제에 올랐다. 그 자리의 여성 셋은 그 남자가 성적으로 접근한 뒤 "술에 취해서 그랬고 기억이 나지 않는다"는 식으로 무마한 사건을 각기 두세 건씩 알고 있었다. 왜 이렇게 심각한 사람 이야기를 나만 겪었다고 생각했을까? 팀에서 가장 어리다는 이유로 선배들이 집에 가는 동안 일어나도 될까를 고민하느라 술에 만취한 그의 성희롱에 시달렸으나, 그 사실을 고발하면 괜히 자신이 책잡힐까 봐 미리 걱정해서였다. 그래서 다짐했다. 성당에서 미사가 끝나면 "미사가 끝났으니 가서 복음을 전합시다"라고 하는데, 우리는 "여자끼리의 술자리가 파했으니 가서 그의 술버릇을 알립시다"라고 하자고. 모르는 여자가 없게 하자고.

이런 말을 하면 남자들은 사생활이라고, 여자들도 좋아서 어울린 걸 가지고 남자만 탓하지 말라고 대응한다. 좋아서 어울린 여성이 없지는 않으리라 추측하지만, 단

언컨대 싫어도 참은 사람들이 훨씬 많다. 상대에게 아내
나 여자친구가 있는 줄 몰라서 사귀는 경우도 많이 봤다.
"애가 둘이나 있는데 무슨 소리야?"라고 하면 금시초문
이라는 답이 돌아온다. "어쩐지 주말에 연락이 잘 안 되더
라니." 대체 기혼자들이 왜 소개팅에 나오는지 이해를 할
수가 없다.

"나는 20대 중반 여자들하고 말이 통해"라고 하는 남
자 선배가 있었다. 일간지 중년 남자 기자가 말하는 20대
중반 여성들이 누구였냐면, 그가 진행한 수업을 들은 학
생들과 그가 일로 만나는 홍보사 직원들이었다. 자기 눈
치를 보며 앉아 있는 사람들과 영혼의 교류를 하고 있다
고 생각하다니, 그는 기자가 아니라 영매였을지도 모르
겠다.

남자들이 조치를 취하지 않는 상황에서조차 많은 여
자들이 정보를 공유하고 문제의 심각성에 공감할 때 그
다음 행동이 일어나기 쉬워진다. 내가 속한 팀으로 발령
을 막는 일이 가능할 수도 있고, 가장 긍정적으로는 고질
적인 문제를 일으키는 사람의 문제를 공론화할 수도 있

다. 혼자는 할 수 없는 일이다.

＋

#MeToo 공론화로 한국 사회에 큰 영향을 미친 여성들이 있다. 서지현 검사가 안태근 전 검사장에게 성추행 피해를 당한 뒤 인사보복을 당한 일을 공론화했을 때, 김지은 씨가 안희정 전 충남도지사에게 성추행, 성폭행당한 사실을 공론화했을 때. 그리고 문화예술계를 비롯해 체육계, 학교 등 한국 사회의 여기저기에서 #MeToo 고발이 이어졌다.

 #MeToo 공론화는 한국 사회 남성들에게 날벼락 같은 일로 받아들여진 듯한데, 일부 여성들에게도 크게 다르지 않다. 본인의 동료나 친한 상사가 #MeToo 고발 대상이 되었을 때, "그럴 사람이 아니야" "예전에는 그 정도는 아무것도 아니었어" "난 몰랐어" 같은 말을 그들은 자연스럽게 꺼내곤 했다. 몰랐다고 치자. 그러면 최소한 이런 상황에서는 힘을 실어줄 수 있어야 하는데, 이런 말을 하는 이들이 있다. "나는 한 번도 내가 여성이라서 차별

을 경험한 적이 없다." 제대로 처신했으면 겪지 않았을 일이라는, 피해자를 탓하는 소리에 다름 아니다. 아마도 그런 태도로 여성 동료들을 대해왔기 때문에, 다른 사람들이 다 아는 조직 내 성추행 사건도 가장 늦게 알았겠지만. 나이 50에 조직 생활하면서 "나는 몰랐어"는 자랑이 아니다. 여성이든 남성이든 마찬가지다. 얼마나 눈감고 살아왔는지 조용히 돌아볼 일을 결백을 주장하느라 제 무덤 파지 말길.

그리고 직장 내 성추행 등과 관련한 문제에서는 조직의 간부급 세대보다는 오히려 신입사원 세대의 기준에 맞추는 회사가 많아지면 좋겠다.

그래서 다짐했다. 모르는 여자가 없게 하자고.

여자들이 많은 정보를 공유할수록 그다음

행보가 쉬워진다.

같이 일하기 좋은 사람이 되자

내가 좋아하는 P선생님은 몸도 마음도 건강하고, 꾸준히 일을 하는 분이다. 성공적인 커리어를 유지하고 있지만 또한 일과 사생활의 구분이 엄격해서 둘을 섞어 피곤을 자처하지 않는다는 점이 늘 존경스러웠다. '내가 응대하지 않아도 되는 일'임을 알아도, 흔히 여성들은 알아서 일어나 바지런을 떤다. 공적 영역에서도 사적 영역에서도 그렇다. P선생님은 그런 면에서 담백하다. 관계의 우선순위가 분명하니, 신경 쓰지 않기로 한 일에 신경 쓰지 않는 법을 안다. 그 P선생님의 삶의 지혜 중 한 가지는, '한 번 일한 관계에서도 다시 일하고 싶은 사람이 되라'다. 이것은 나 자신이 일하는 방법과도 놀랍도록 일치해서 기억하고 있다.

먼저 고백하고 싶은 과거사가 있다. 나는 2000년대

중반부터 후반까지 별로 꾸준하거나 안정적인 사람은 아니었다. 그 시기에 나와 일한 사람들 중 일부는 무척 후한 점수를 줄 테고 일부는 욕을 바리바리 하리라 예상한다. 그러니까 내 커리어라는 것은 2000년에 입사해 지금까지 이어지는 직장생활(두 번의 이직을 포함)과 회사 밖에서의 일로 구성되어 있는데, 그와 동시에 커리어라 부를 게 존재하지 않던 (매일 그만두고 싶었다) 첫 2년과 회사에서 인정받았으나 회사 밖에서 불안정했으며 몇 번의 이직을 경험한 10년, 그리고 그 이후가 존재하는 셈이 된다. 의도한 바는 아니고, 결과적으로 지금까지의 과정을 보면 그렇다는 말이다.

2008년 즈음부터 나와 일의 관계가 달라졌는데, 그해에 나는 단발성 게스트로 난생 처음 출연했던 라디오 프로그램에서 고정 제안을 받고 일을 시작했다. 나는 어렸을 때부터 말하기를 싫어하고 사람들과 어울리는 데 재능이 없어서, 부모님이 "쟤 저러다 먹고는 살겠나"라고 걱정하던 유형의 아이였다. 가족들과도 별로 원만한 대화를 하지 못했다. 수학여행을 갈 때 가장 큰 스트레스는 언제나 '옆자리에 누구랑 앉을까'였는데, 내가 절친이라고 생각하는 아이가 나를 똑같이 생각해줄지 확신을 갖지 못해서였다. 그 스트레스는 사실 지금까지 이어지고 있으며, 사람들 앞에 서는 문제에 공포심은 없었으나 나서기를 싫어했다. 말하는 일을 업으로 삼게 되리라고 생각해본 적이 없다. 그리고 웃긴 말이지만 '말하는 일'이 나는 꽤 적성에 잘 맞았다. 그 일을 발견하게 된 문제의 라디오 출연에 응한 이유는 딱 하나, 출연료를 벌기 위해서였다. 내가 새로운 도전에 적극적인 이유는 거의 돈인데, 액수의 많고 적음을 떠나 (액수를 반드시 떠나야 한다. 라디오 출연은 드는 공에 비하면 무척 적은 보상이 주어지기 때문이다) 입금이 보장되는 일을 선호했던 나에게 지상파 라디오 게스트는 꽤 괜찮은 일이었다. 그리고 그 첫 방송을 시작으로, 나는 프로그램 이름이 바뀌고 진행자가 바뀌는 6년 동안 출연했다.

이후로 수많은 라디오 프로그램의 게스트를 했는데, 프로그램이 폐지되거나 내가 그만두지 않고 '게스트 교체'로 그만둔 경우는 세 번도 채 되지 않는다(솔직히 말하면 기억에 없다, 하지만 한 번쯤은 있었겠지). 내가 하는 많은 일은 '모르는 사람이 제안해서 시작한 뒤 그 사람이 계속 일을 제안해서 여러 번 하게 된 일'이다. 애초에 인맥이 없었고 인맥 관리는 재능이 없었으니 같이 일한 사람들이 다시 찾는 게 유일하고 확실한 커리어 관리가 된 셈이다. 이 책을 함께 만드는 허유진 편집자와도 두 번째 작업을 같이 하는 중이다.

연말연시에 의례적인 안부 인사를 보내는 방식도 나름 유용한 커리어 관리의 팁일 수 있겠다. 하지만 '같이 일하는 사람'이 되는 게 제일 좋은 커리어 관리다. 같이 밥 먹을 때 수저 먼저 놓는 사람이 아니라 일을 예측 가능한 일정으로 주고받고, 불쾌한 일이 생기지 않아야 한다. 일로만 아는 사람과 유쾌한 일을 만들기는 어렵지만 (솔직히 불가능하다고 생각한다. 대박이 나면 대박이 나는 대로 또 안 좋은 일이 생기곤 한다), 불쾌한 일을 만들지 않기는 쉽다. 약속한 방식으로 정확하게 일을 주고받는다.

이런 때 일이 대등하게 오가지 않는 무례한 '갑'의 경우가 문제가 된다. 특히 '인맥'으로 일을 주고받는 남자들의 경우 말이다. 내가 아는 어떤 여성은 성실함과 좋은 결과물로 6년간 프리랜서로 하던 일을 그만두게 되었는데, 해당 업체에 갑자기 낙하산을 타고 등장한 남성이 자기 남성 후배들을 끌고 들어와서 생긴 일이었다. 이 경우 능력이 아닌 '인맥'으로 일을 가로챘다고 생각한 이유는, 내가 그 여성보다 남성들 전원을 훨씬 더 잘 알기 때문이다. 그들이 서로에게 일을 '만들어서' 줘온 역사를. 이런 남성 연대를 볼 때마다 다 때려치우고 싶은 기분이 들지만 일 잘하는 여성들을 위한 기회는 앞으로 점점 늘어나리라 예상한다. 그리고 여자들끼리 그런 기회를 더 만들어야 한다.

언젠가 다른 회사에 다니는 부장급 선배 K가 나와 일하는 회사 동료에 대해 물은 적이 있다. "그 친구 회사에서 일 잘하지? 이번에 같이 잠깐 일해봤는데, 손 안 가게 일 잘해서 보냈더라고." 그렇다고 말해줬다. 나도 신뢰하는 동료라고. 이런 소문은 가능한 크고 확실하게 내야 한다. 당신이 이 여성과 일하면 후회할 일은 없으리라고.

레퍼런스 체크

사람을 뽑을 때, 나와 같이 일했던 적이 있거나 내가 아는 사람의 역량에 대해 묻는 전화를 받을 때가 있다. 혹은 사람을 추천해달라고 해서 추천해줄 때가 있다.

내가 추천하지 않아도 그 사람이 남성일 때, 내가 추천해도 그 사람이 여성일 때보다 훨씬 많이 입사하더라. 아예 솔직(?)하게 "남자분은 없을까요?"라는 질문을 받을 때도 너무나 많다. 진행을 남자 둘이 하면 이상하지 않다고 보면서, 여자 둘이 할 때 '여성과 남성으로 구성하는 게 여성과 여성인 경우보다 낫지 않냐'고 설득할 때, 여자거나 남자인 거 말고 다른 이유는 없느냐고 물어본다. 다른 사람이 나를 추천했다고 연락한 뒤 정작 그 일 관련자로부터는 연락이 아예 없는 일도 몇 번 겪었다. 누가 갔나 나중에 확인해보면, 여자는 아니었다. 우연하게도 말이지.

어떤 일에 여자를 추천하면 "이미 팀에 여자가 있다 (혹은 많다)"는 이유로 거절당하기 부지기수다. 얼핏 보면 그럴 듯한데, 남자만 있거나 남자가 다수일 때는 여자를 늘여서 성비를 맞추겠다고 생각하는 경우를 본 적이 없다. 기껏해야 구색 맞추기로 한둘을 끼우는 정도. 남자 둘은 전문가 같은데, 여자 둘은 전문가 같지가 않은가 봐? 당신은 어떻게 생각하는가.

이제 나도 경력이 제법 쌓이고 보니, 나보다 연하인 사람 레퍼런스 체크 연락을 받는 일도 있으나 나보다 나이 많은 사람에 대해 묻는 연락도 종종 받게 된다. 어떤 일에 그 사람을 추천해도 좋은지 여부. 그리고 팀장급 이상 간부 인사와 관련해서라면, 실무진에게는 윗사람의 평가만큼이나 아랫사람의 평가가 중요한 법이다.

+

네이버 오디오클립 〈이수정 이다혜의 범죄영화 프로파일〉은 제작진과 출연자 총 네 사람이 전원 여성이다. 서로 일 관련한 연락만 주고받고 개인적인 교류는 없다. 그렇게 일하면서도 배려와 다정함, 상대의 실력을 수시로 경험하고 감탄한다. 회식을 하고 술을 마셔야만 교류가 되고 일이 되는 건 아니라는 사실을 이 팀과 함께하면서 또 한 번 배운다.

네트워킹(1)

직접적으로 내 일과 관련 있는 사람들이 있다. 회사 상사, 클라이언트, 일로 알게 된 사람들. 나에게 일을 줄 수 있는 사람들. 실제로 일을 주는 사람들.

나는 사회생활을 하며 만난 사람들 중 친구가 된 사람들이 유난히 많은 편이다. 내가 '취향'을 중시하는 일을 하고 있기 때문에 더 그런 듯하다. 그리고 내가 그들과 친구가 되는 방식은, (1) 같이 일한 경험이 좋았던 사람과 (2) 더 이상 일을 하지 않게 되었을 때 사적인 만남을 갖는 식이다.

일이 엮여 있는 상태에서 사적으로 만나지 않는 이유는, 그쪽에서 내게 일을 주든 주지 않든 (내가 일을 주는 경우도 마찬가지다) 그 사실이 내게, 그리고 관계에 영향을 미치기 때문이다. '서운함'이라고 불리는 그 감정 말이다. 때로는 그런 감정을 알고 이용하는 사람도 있는데, 나의 어머니는 이런 사람들에게 잘 이용당하곤 했고 좋아하는 사람들로부터 상처를 많이 받았다. 문제는 그냥 사람이 좋아서 어울린 경우조차도 내 것이 될 법한 일이 나에게 오지 않으면 그 사람에게 서운함을 느끼는 일이 있다는 데 있다. 이런 좋은 기회가 있는데 왜 내게 미리 말해주지 않았지? 이 일을 왜 내가 아니라 저 사람에게 주었지? 사실 나를 별로라고 생각하는 걸까? 생각은 꼬리에 꼬리를 물고 이어진다. 그러다 보면 원래 사람이 좋아서 가까워지고 싶었는데, 갑자기 앞뒤가 바뀌면서 내게 좋은 일이 생기지도 않는 관계를 이어갈 필요가 있을까 하는 생각에 잠기기 시작한다. 서운한 마음이 멈추지 않는다. 망할 놈의 서운함을 죽이든가 해야지.

생각을 그만하자.

나의 경우는 그래서, 일을 같이 할 때는 일을 잘하고 일로 맺은 관계가 끝나면 따로 만나고, 그 만남이 여러 번이 되면 지인이라고 부를 정도의 관계가 된다.

20대에는 주말 새벽 4시쯤 되면 어딘가에서 누군지

모르는 사람들과 합석해서 술을 마시다가 '나는 누구, 여기 어디' 하던 날이 적지 않았다. ('근처에서 술을 마시는 중인' 모임 세 개쯤이 합체했고 절반쯤은 집에 간 상황이 대표적으로 그렇다.) 그런데 30대 중반을 넘어서면서부터 체력도 체력이거니와 실제로 일이 바빠졌기 때문에, 점점 사적인 약속을 위해 쓰는 시간이 줄어들었다. 그리고 알게 된 사실은 이것이다.

일로 아는 사람들은 일 때문에 늘 보고 있는 것 같아도, 같이 일을 하지 않게 되면 영 만나지 않게 된다. '부러' 노력을 기울이지 않으면 관계는 빠른 속도로 사라진다. 진정성이 있다고 무조건 인간관계가 잘 풀리지도 않는다. 진심을 표현하는 방식의 주파수가 맞아야 관계가 성립되고, 상황도 도와줘야 하고(정말 좋아하는 친구들 중 몇과는 그들이 해외로 이주하면서 멀어졌다), <u>내가 믿는 가치를 나보다 잘 추구하는 사람, 내가 얻고 싶은 자리에 먼저 가 있는 사람, 나와 나의 커리어에 영향력을 발휘할 수 있는 사람과의 관계를 지속적으로 '관리'하고 싶으면, 가능한 느슨하게 관리하는 편을 권한다.</u> 여러 사람이 함께 속해 있는 모임이 가장 좋다. 그러다 보면 결국 친해질 사람과 친해진다. 하지만 이익관계로 얽힌 사람과 사적으로 가까워지기 시작하면 일이 어그러지는 순간 관계가 끝나버리곤 한다. 일의 성패가 관계에 영향을 주지 않도록 일단은 사이에 숨 쉴 틈을 만들어두고 성숙하기를 기다려볼 것. 그렇게 일정 시간을 견딘 관계는 자주 만나지 않아도, 결국 같이 일을 하게 되어도 오랫동안 유효한 법이다.

여성의 네트워킹에 대한 기사가 〈하버드 비즈니스 리뷰〉 2019년 7~8월호에 실린 적이 있다. 2006년부터 2007년까지 미국 명문 경영대학원을 졸업한 일부 MBA 학생들이 주고받은 450만 통의 이메일을 익명 처리한 뒤 조사한 내용인데, 조사 대상이 총 768명이고 이 중 26%가 여성이었다. 누가 누구에게 자주 이메일을 보냈는지 확인한 뒤 연락을 취한 횟수를 비롯한 요소들을 통해 '중심성'을 평가했다. 남성들의 경우는 중심성에서 상위 25%에 속하는 학생들이 이후 권한과 보수 면에서 하위 25%의 학생보다 평균 1.5배 더 좋은 일자리를 얻었다는

데, 여성들은 비슷하면서 다른 결과가 나왔다. 여성과 남성을 불문하고 네트워킹에 능한 사람보다 여성끼리의 이너서클에 속한 사람이 권한과 보수가 더 좋은 일자리를 찾았다. 남성들은 어울리는 사람들의 성별 구성과 별 관계가 없었지만, 여성들은 여성 이너서클에 속해 있는 사람이 더 좋은 일자리를 얻고 권한이 있는 자리를 얻었다.

여성들끼리만 주고받을 수 있는 정보가 있다. 이때 너무 '필요'를 의식해서 업계 사람으로 한정 짓지 않아야 한다. 내가 일을 다양하게 하면서 알게 되는 사실은, 내가 배운 적이 없는 곳에서도 사람들이 돈을 잘 벌더라는 것이었다. 지나치게 서로 연결되어 있는 사람들끼리의 공동체에 머물지 말고, 너무 필요와 당장의 도움을 의식하지 말고 어울려보기를 권하고 싶다. 같은 일을 하는 사람들끼리는 연봉을 비롯한 돈 이야기를 하기가 어렵지만, 다른 업계 사람들하고는 비교적 이야기가 쉬워진다. 100세 시대에 몇 살에 운명의 전직을 할지 알게 뭔가. 일단 누가 어디서 무슨 일로 돈을 얼마나 버는지 알아야 한다. 가끔 손해 안 보려고 혈안이 된 사람들을 만날 땐 피하는 편이다. 책임지기는 싫고 손해도 보기 싫어하는 데 그치지 않고 자기에게 잘해줬으면 한다? 나는 베풀기만 하는 사람일 생각은 없다. 사람들을 여럿 만나면 사기꾼도 알아보기가 약간은 용이해지지만, 미리 경고하건대, 우리는 사기꾼을 그렇게 능숙하게 알아보지는 못한다. 그들처럼 달콤한 인간이 없어서 그렇다. 당신은 외롭고 불안하고, 사기꾼들은 그걸 제일 잘 알아본다. 그런 자들이 당신을 이용하기 어렵게 만드는 최선의 방법은 너무 심한 감정적 결핍 상태에 놓이지 않는 것이다.

일의 성패가 관계에 영향을

주지 않도록 사이에 숨 쉴

틈을 만들어두고 성숙하기를

기다려볼 것.

사교주간

나는 4~6개월에 한 번 꼴로 자칭 '사교주간'이라는 기간을 정해서 사람들을 몰아 만난다. 그 이유는 단순한데, '언젠가 만나요'라고 해놓고 만나지 않게 되는 사람들이 많아서다. 일이 많아지고, 몸은 나이 들고, 주말을 포함해 여유 시간이 생기면 쉬고 싶다. 좋아하지도 않는 사람들과 어울리고 싶지도 않다. 여기서 알 수 있겠지만, 이미 '사교의 왕'인 분들은 이 코너를 그냥 패스해도 되겠다. 이코너는 나처럼, 친구가 많지 않고 그나마도 이 핑계 저 핑계 대면서 잘 만나지 않는 사람의 사회화를 위한 궁여지책이다.

제 아무리 혼자 있기를 좋아한대도 친한 사람들과는 자주 만나는 법. '사교주간'은 친한 친구들을 위한 시간이 아니다. 좋아하고 궁금하지만 사는 곳이 멀어서 혹은 일로 도무지 마주쳐지지 않는 이들과의 시간이다. '이 사람과 만난 지 6개월/1년 넘었나?'를 가늠해보고, 만날 때가 되었다 싶으면 연락해서 만난다. 가깝지 않다 해도 2년 이상 만나지 않은 관계는 옛 친구라 해도 편하지는 않다. (게다가 나는 옛 친구랄 사람이 없다.) 식사와 차 한잔. 화제는 요즘 하는 일에 대한 이야기들 정도다.

핵심은 '일부러' '의도적으로' 사람을 만나는 기간을 정한다는 것이다. 사실 사교주간의 원조는 생일주간이었다. 나는 생일 즈음에 좋아하는 사람들을 2주 정도의 기간을 두고 천천히 만나는 기간을 갖곤 했다. 그게 이제는 1년에 한 번인 생일이 아니라 주기적인 '사교주간'이 된 이유는, 일부러 만나려고 하지 않으면 너무 바쁘고 귀찮아서 사람을 만나지 않게 되어서다. 작정하지 않으면 만나지 않는다. 나이 들고 일이 많아지니 시간이 나면 집에 누워 있는 게 최고의 여가다. 힙한 카페도 필요 없고, 유명하다는 술집도 필요 없다. 한적하고 조용하며 남의 눈치를 볼 필요 없는 내 집이 최고다.

그래서 일부러 집 밖으로 '나가고' '어울린다'. 원래 사교적인 분들은 일상적으로 하는 일이지만 비사교적인 사람들은 큰맘 먹고 연락을 돌린다. 시간이 갈수록 일부러 하지 않으면 더 이상 절로 되지 않는 것들이 생긴다. 결혼과 육아, 먼 곳으로의 이주 등 만나려고 해도 여의치 않은 친구들이 많다. 매일 보던 친구, 매주 보던 친구들이 3년 전을 마지막으로 서로 연락을 하지 않는 일도 있다. 싫어서가 아니라 생활 패턴이 달라지면서 그냥 그런 일이 생겨버린다. 그러니, 만날 수 있는 사람들과 노력해서 만나기. 어쩌면 우리는 오늘 마지막으로 만났는지도 모른다.

+

요즘에는 10년만 지나면 부서도, 회사도 다른 명함들을 갖게 되는 이들이 적지 않다. 가까이 있을 때부터 느슨하지만 주기적으로 만나다 보면 같은 공간에서의 근무, 같은 업무 담당이 아니게 되어도 차 한잔을 하며 다른 업계 분위기를 파악하는 일도 가능해진다.

네트워킹(2)

경험상, 사람들은 나보다 잘난 사람, 나에게 도움을 줄 수 있는 사람과 네트워킹하기를 원한다. 그래서 '그런' 자리를 찾아다닌다. 남성들은 그런 네트워킹을 위해 '아버지 뭐하시노'를 생활화한다. 70살이 넘어서도 꾸준히 일하는 아무개 씨는 자리에 없는 사람에 대해 말할 때 (일할 때 부실한 기억력이 놀라울 정도로) 꼼꼼한 사적 정보를 늘어놓는다. 그리고 참 꼼꼼하게 그런 인간관계를 관리한다.

만나는 사람들마다 옆에 있는 사람들에게 "아버지 건강하시고?"라고 꼭 묻는 사람들이 있었다. 흔한 인사치레인 줄 알았는데, 나중에 보니 내가 아는 쪽 인물의 아버지가 국회의원, 대법관, 헌법재판관, 공기업 사장, (대)기업 임원이나 대표인 경우가 많았다. 게다가 본인들이 말을 안 하는데, 다들 어떻게 알고 있어요? 대한민국의 신비. 가장 대단한 것은, 어쨌든 아무개의 자녀들에게는 절대 불이익 비슷한 것도 돌아가지 않도록 참 많은 사람들이 신경쓰더라.

잘난 사람들끼리 어울리면 좋겠지. 가끔은 일한 수고비를 주는 대신 그런 무리에 끼워주겠다는 제안도 받는다. 네트워킹이 보수인 셈이다. 하지만 그렇게까지 사교적이지도 않고, 일은 일이 물어오게 한다는 철칙을 가지고 있는 사람으로서, 내가 지난 10여 년간 꾸준히 실천하는 원칙은 이렇다.

첫째. 성공 여부나 분야와 무관하게 나와 비슷한 연령대 혹은 경력을 지닌 사람과 어울리는 일은 그 자체로 즐겁다. 미래의 득실을 당장 알기란 어려우며, 즐거움은 언제나 큰 '득'이다.

둘째. 내가 진정으로 신경 써야 할 사람은 3~5년 차의 실무자들이다. 남성들끼리의 네트워킹에 언제나 '더' 열중하는 권력을 지닌 남성들 틈에서 네트워킹하기보다, 나는 능력 있고 일을 좋아하는 젊은 여성 실무진들을 만족시키는 데 더 큰 즐거움을 느낀다.

쓰고 보니 별거 아닌데, 첫 번째는 내가 친하지 않은 사람들과 여행을 종종 함께하는 결과로 이어졌고, 두 번째는 내가 예상하지 못했던 즐거운 일로 나를 안내했다.

최근 세 번째가 추가되었다. 같은 업계 여성이라면, 만날 기회가 있을 때 인사 정도는 부지런히 할 것. 다만, 상대가 나보다 어리다면 굳이 따로 만나자고 푸시하지 말고, 나보다 나이가 많다면 적극적으로 연락해볼 것. 내가 나이를 먹다 보니 알겠다. 나이 어린 사람에게 교류를 제안하는 일은 상대가 부담스러워할 듯해서 꺼리게 되고, 나이 든 사람을 귀찮게 만드는 일은 별 부담이 없다는 사실을. 더불어, 좋다는 말보다 싫다는 말을 하기 더 어렵다는 점을 감안하면, '굳이 따로 만나기 싫다'가 제대로 접수해야 할 메시지인 듯하다. 말은 이렇지만 사실 나는 네트워킹이고 사교고 그리 능한 사람이 아니다. 아마도 그래서 일을 더 열심히 했으리라. 인간관계보다 일이 내게는 언제나 더 믿을 만한 구석이었다.

남자 서포트하기

같이 일하는 남자와 사귀거나, 사귀는 남자와 일하기. 둘 다 고난이도의 경험이다. 나는 그러지 않기 위해 노력했고 아직까지는 어긴 적이 단 한 번도 없지만 놀라울 정도의 많은 똑똑한 여성들이 사규를 어기고 자기 일자리를 위기에 몰아넣으면서도 남자친구를 위해 공금을 횡령하고, 남자친구가 시작한 사업을 위해 자기의 모든 인맥을 몰아넣어준다. 그 성취가 '우리의 것'이 되리라는 생각 때문인 건 잘 알겠는데, 그렇게 되지 않는 경우가 더 많다. 그가 그것을 요구했기 때문에, 사랑을 잃지 않기 위해 도울 수밖에 없는 때도 있다.

사랑하는 사람과 같이 일을 하며 그의 성공을 바라는 마음은 알겠다. 하지만 당신의 이름을 내세우고 해보는 것은 어떨까. 두 사람의 이름을 내세운다면 당신 이름을 앞에 써보면 어떨까. '비밀의 조력자'로 살기를 선택하지 않았으면 한다. 심지어는 당신의 커리어를 걸고 남자를 육성하지 않았으면 한다. 그 과정에서 당신의 여성 동료들을 동원하지 않았으면 하는 것은 물론이다.

여성은 남성의 '비밀 조력자'가 아니다.

아는 사람

남자들을 볼 때, 대단하다는 생각을 하곤 했다. 어떻게 일을 하면서 술을 매일 마시지? 오만 군데에 모르는 사람이 없다. 별로 친하지도 않은 사이 같은데 맨날 자기랑 친하다며 유명한 사람을 들먹이곤 한다. 언젠가 여성학자분이 학자인 남성 친구로부터 들었다는 이야기. '넌 좋은 책을 내고도 고전하는 것 같다. 나는 친하지도 않던 중, 고등학교 동창들이 동문이라며 전화해서 내 책 100권, 200권 구입할 테니 보내달라고 하는 경우가 있었거든. 자기가 아는 사람이 잘되는 게 자기가 잘되는 것과 동급이라고 생각하는 것 같아.'

그 말을 듣고 여러 생각이 동시에 떠올랐다. (1) 와, 그런 거 정말 싫다. (2) 앗, 누가 내 책 그렇게 사주면 정말 좋겠다. (3) 그렇게 인심 쓰는 척하다가 귀찮은 일로 들러붙으면 어떡하지?

일어나지도 않은 일을 걱정부터 하는 습관이라 이렇다.

나중에 물어보면 안 친한 사이라는데, 심지어 서로 좋아하지도 않고 솔직히 말하면 싫어한다는데, 앞에서 부어라 마셔라 할 때는 죽고 못 사는 사이인 줄 알았네? 그런데 어떻게 그런 사람들이 그렇게 많지? 옛날 출입처 사람, 초중고 동창, 군대 선임까지 어떻게 그렇게 애매하게 아는 것도 아니고 모르는 것도 아닌 사람들이 깔려 있지? <u>나는 직장생활을 이렇게 오래 하고도 아는 사람이 한줌인데? 남성연대의 놀라운 점은, 그렇게 욕을 하던 사람이라 해도 유명해지면 갑자기 절친이 되어 몰려다니는 일을 아무도 꺼리지 않더라는 데 있었다.</u> 농담 아니고 매일매일 TV에 나올 때마다 욕했으면서! 그런데 여자들끼리는 그런 경우가 흔치 않다. 한결같은 것인지 셈을 못하는 것인지 모르겠다.

나에게는 '아는 사람'은 적어도 '알던 사람'은 많다. 임신, 출산, 육아 때문에 일을 그만둔 많은 여성 동료들과 아예 연락이 끊겼다. 내가 결혼을 안 해서인 줄 알았는데, 결혼한 사람들끼리도 일 그만두면 연락을 하지 않는다. 남자들은 학교, 사회에서 만난 사람들이 10년, 20년, 30년 지나도 여전히 사회에 있는데, 심지어 그들은 점점 직급이 높아지는데, 여자들은 회사를 그만두거나, 일을 그만둔다. 일정 나이를 넘기면 조직에서 못 버티는 경우도 많다. 그런 뒤에는 서서히 알던 사람들과 연락을 끊는다. 아예 어디 산으로 들어갔다는 소문이 들리는 경우도 있다.

<u>기울어진 운동장은 나이 들수록 점점 더 심하게 기운다. 집에서 차별 없이 컸어도, 학교에서 차별 없이 성적으로 인정받아도, 사회생활하면서는 달라진다.</u> 어렸을 때라고 차별이 없었을 리는 없다. 내가 고등학교 때 다니던 학원에서는 외교학과 박사과정을 하던 선생님이 영어 수업에서 시몬 드 보부아르의 《제2의 성》을 영어로 된 원서에서 발췌해 강독수업을 했는데(서머싯 몸의 단편집도 그때 영어로 읽었다), "서울대 가면 아내 얼굴이 바뀐다. 지금 연애하지 마라"는 말을 하곤 했다. 그 수업에서 둘 뿐이던 여자 학생 중 하나였던 나는 "여자는요?"라고

물으니, 선생님은 웃기만 했다. 선생님의 얼굴이 답이라고 생각했다. 호환, 마마, 불법 비디오처럼 무서운 얼굴이었는걸.

그런데 설마 갈수록 나아지지 않으리라고 어떻게 예상하겠나. 차별받아도 인원이 많으면 좀 버텨보겠는데, 인원 자체가 줄어든다. 인원이 줄어든다는 게 차별의 결과다. 회사를 그만두는 게 낫다는 결정을 하게 되는 상황 역시 차별의 결과. 자기 회사를 운영하고, 직급이 올라간 이들은 자기 친구 책이라며 100권을 사서 여기저기 돌리고 회사 사람들에게 주기라도 하지. 여자들은 일단 그럴 돈부터도 없다. 조직이 월급으로도 여성과 남성을 차별하지만 가족에서의 재화 분배 역시 불공평하긴 매한가지다. 내가 아는 어르신들 중 아들 사업자금으로 재산을 거덜 낸 분이 많은데, 딸 사업자금으로 재산 거덜 낸 분은 안 계신다. 어딘가 그런 분들도 계시지만, 성비를 따져 보면 압도적으로 남자가 많을 것이다. (남편이 사업해서 재산 거덜 내는 경우까지 포함하면… 말을 말자.) 한국의 딸은 사업에 관심이 없단 말인가? 대한의 딸은 실패할 기

그래서 여자는 사회 경험이 쌓일수록 주변에 동성인 지인 찾기가 점점 어려워진다. 이쯤 되면 이성인 동료들과는 짜증나서 이미 지인이고 나발이고 관계가 멀어진 지 오래다. 애초에 입사할 때도 여성의 수가 적었는데 점점 줄기만 하고 늘어나지 않으며, 한 번 직장을 그만둔 사람은 아예 일 자체를 그만두는 일도 많으니 어쩔 것인가. 결혼한 뒤 남편 직장 문제로 아예 해외 이주하는 사람들은 트위터에서가 아니면 안부를 알 도리도 없다.

게다가 여성들은 사교 대상을 굉장히 폭 좁게 선택하는 경향이 있는 듯하다. '좋아하거나' 아니면 '필요가 있거나'인 사람하고만 만나려고 한다. 조금만 마음에 안 드는 사람이면 아예 어울리지 않으려는 경우도 많고, 자기가 겪은 일이 아니어도 누가 뭐라고 했던 기억이 있으면 '어쩐지 쎄하다'며 거리를 두려고 한다. 아니면 내 일과 직접 관련이 있으면 그나마 어울리는데, 그것도 최소한으로 하려 든다. 인맥으로 일을 주거나 받지 않으려고 하고, 그것은 남성연대에 대한 나름의 저항이기도 하다. 또는,

돈이나 시간이 부족해서 그렇기도 하다. 굳이 애매한 사람하고 사교를 위해 어울릴 돈이 부족하거나(여성은 남성보다 적은 급여를 받는 게 현실이라), 그렇게까지 일을 오래 할 생각이 없거나(애초에 직장을 짧게 다닐 계획인 사람들도 분명 적지 않더라), 시간이 부족하다(혼자 살아도 가족이 있어도 언제나 여성들은 집안일이라는 '퇴근 후 노동'을 하게 되어 있다).

그래서 나이 먹어서까지 뛰어난 능력으로 일을 지속하는 여성 다수는 '독고다이'다. 남 도움 안 받고 본인 능력으로 꾸준하게 일하며 살아왔고, 그래서 주지도 않고 받지도 않으려고 한다. 그래서 또 같은 문제가 반복된다. 느슨하게 아는 여자들이 줄어든다. 우연히 알게 된 사람이라는 카테고리는 사라지고 알던 사람은 사라진다. 마흔을 넘기니, 소수의 생존자들이 보일 뿐이다.

왜 다른 젊은 여자를 돕지 않는가? 그 여성이 어렵게 버티던 가장 힘든 순간에 다른 여성이 도와준 경우가 전무했기 때문일 수도 있다. 그런 경우도 많다. 연차가 위로 올라갈수록 극심한 '남초'인 데다 저임금인 환경에서 일한 여성들이 많다. 지금은 당연한 것들의 이름도 들어보지 못한 때가 있었고, 지금도 사회적으로 이슈가 되는 여성 인권 사안들이 회사 안으로 들어오는 데 오랜 시간이 걸리기도 한다. 그들은 본인이 도움을 받은 적이 없는데 도와달라는 사람만 있다면 뭘 어떻게 해야 좋을지 알 수 없다고 느낀다. 동료들과 어울리기 위해 회식하고 술 마시는 것을 가장 편하게 여긴다? 그런 여성들에게는 남성들이 든든한 아군이었던 시절이 길었다. 대기업 팀장급으로 몇 년 일하다 퇴직한 분도 그런 경우였는데, 여자 후배들이 누가 계속 일하고 누가 일을 그만둘지 파악할 수 없다는 점도 힘들었다는 말을 했다. "일을 하고 싶어 하는지 잘 모르겠어요."

그래서 나는 최근 생존자라면 좋고 싫고를 따지기 전에 한 번이라도 더 얼굴을 보자는 쪽으로 마음을 바꿨다. 그래봤자 몇 되지도 않으니까. '아는 사람' 다 긁어모아도 몇 안 되는데, 자꾸 쳐낼 궁리만 하는 건 어리석다.

이렇게 말하지만, 싫은 사람은 절대 만나지 않는다. 나도 아직 고생 덜 했나 봐.

기울어진 운동장은 나이 들수록

점점 더 심하게 기운다.

술자리 딜레마:
갈 것이냐 말 것이냐 그것이 문제가 아니로다

이것은 여성 배우들의 딜레마에서 시작한 이야기다.

영화 개봉을 앞두고 감독과 배우들 인터뷰를 하다 보면 놀랄 정도로 많은 캐스팅이 '술자리'에서 이루어진다. 누구랑 누구랑 자주 술을 마시는데 그 자리에 누가 왔고, 그래서 다음 작품 얘기를 했는데 어쩌고저쩌고 하는 식이다. 처음에는 그런가 보다 했다. 자주 만나는 사람들끼리 일을 도모하는 게 당연할 수 있지. 같이 얘기하다가 시작한 작품이면, 당연히 그 사람을 염두에 두고 작품을 구성할 수도 있겠지. 하지만 그런 단순한 문제가 아니다. 한 번도 단순한 문제였던 적이 없다.

자, 당신은 물을 것이다. 그러면 그런 자리에 여성 배우들도 같이 어울리면 되지 않느냐? 일단 여성 배우들을 '그런' 자리에 잘 부르지 않는다. 선술집에서 술을 마시기도 하고, 룸살롱도 적잖이 가는 모양으로, '남자끼리가 편한' 자리가 적지 않다. 다들 호형호제하며 술을 진탕 마신다. 여성 동료를 부르는 경우도 있지만 성추행이 일어나는 경우도 없지 않고, 술에 취한 사람과 있거나 본인이 술에 취한 상태라면 비단 성추행이 아니어도 폭력 사건이 발생할 가능성이 높아진다. 주먹을 휘두르고 따귀를 때린 이후에도 호형호제하는 게 뭐 그렇게 대단한 동료애인지는 모르겠다. 다만 멀쩡했던 동료가 술에 취해서 흐느적거리는 것을 어디까지 받아주어야 하는가를 고민하느니, 굳이 술자리에 가지 않는 쪽이 낫다는 판단은 그래서 생긴다. 술을 즐기며 마시는 정도가 아니라 취할 정도로 마셔야 한다면? 무슨 사고가 생겨도 "너도 술 마셨잖아" 정도의 말이나 들을 판국이라면 (더 나쁜 말로는 '몸로비'라는 표현도 있다) 가지 않게 된다. 그러면 "여배우들은 까다로워/도도해/남자와 달라" 같은 말이 돈다. 그래서 같이 일을 도모하기가 어렵다나 뭐라나.

술자리에 가면 온갖 불쾌하거나 두려운 사고가 일어날 가능성이 높고, 안 가면 까다롭다는 말을 듣고. 왜 사생활(술자리)로 일을 가져가는가 하는 근본적인 문제에 대해서 더 말해야 한다. 캐스팅이 술자리에서 이루어진 게 그렇게 미담인가? '캐스팅 디렉터' '헤드헌터'가 좀 더 역할을 하면 안 될까? 아는 사람 장사는 그만하면 안 될까? 아는 한도 내에서 모든 걸 해결하려니 주인공은 감독과 비슷한 중년에 잘생기지 않은 남자들이어야 하고, 그들의 성적 취향을 온 국민이 알게 되는 영화들이 만들어진다.

술자리에 가고 말고의 문제가 아니다. 가도 문제가 되고 안 가도 문제가 된다. 개인적 친분 말고 사람들을 폭넓게 검토하고 일에 합류시키는 시스템을 고민해야 한다.

엄마와 딸로만 설명할 수 없다

어머니와 딸의 관계를 이해하는 것은, 여성을 이해하는 좋은 방법 중 하나다. 세상의 많은 딸은 어머니를 사랑하지만 어머니의 인생을 좋아할 수 없음을 받아들이며 성장한다. 《에이미와 이저벨》은 딸에게 밝히지 못하는 사랑을 마음에 품고 있는 어머니 이저벨과 '다른 엄마'를 바라는 마음을 비밀로 가진 딸 에이미의 이야기다. 서로 모르는 게 없고 못하는 이야기가 없어서 딸과 어머니가 자주 갈등 관계에 놓인다는 생각을 해온 사람이라면 《에이미와 이저벨》은 모녀가 얼마나 적극적으로 상대에게 비밀을 만들고 감추는지를, 원한 것 이상으로 자신을 닮은 이로부터 느끼는 배신감이 어떻게 자기 삶에 대한 실망으로 이어지는지를 보여준다. 어머니는 자신이 누렸을 수 있었을지도 모르는 삶에 대한 기대를 딸에게 투사한다. 딸은 어머니를 이해할수록 어머니의 삶이 자신의 미래가 될 가능성을 단호하게 거부한다. 싱글 맘과 그 딸, 두 사람뿐인 가족을 통해 엘리자베스 스트라우트는 여성의 마음속 가장 뜨겁고도 황폐한 풍경을 글로 표현한다. 가장 사랑하는 사람들의 마음을 상처 입히지 않기 위해 진심을 숨기는 법을 한평생 훈련한다는 것, 아마도 여성의 삶의 가장 비밀스러운 단면. 딸과 어머니처럼 "전쟁 같은 사랑"을 하는 인연은 없다.

여자 상사와 여자 부하는 어머니와 딸의 관계가 아니다. 그것을 섞어 생각하기 시작하면 공정함과 명료함이 남아야 하는 모든 곳에 감정들이 들끓기 시작하고, 커리어는 오래 이어지기보다 토막 나기 쉽다. 타인이 나를 송두리째 바꿔주고 성장시켜주는 판타지를 갖는 일은 자유지만, 그 기대를 타인에게 투사하고 현실로 '이루어주기'를 요구하지 말자.

어떤 워라밸

일로 알고 지내는 사이에서는 감정과 일을 분리하자. 일로 지적받는 것을 사적인 평가로 확대 해석하지 말자. 사적인 사이에서 깎아내리는 것을 객관적이라고 착각하지 말자. 개선할 부분을 스스로 찾아내고 너무 자기 탓하지 말고. 천천히라도 매일 조금씩만 나아지면 되잖아.

미성년의 나이에 나는 곧잘 무언가를 선언하고 다짐했다. 계획만 분명하면 그것이 내 것이 되리라 믿었다. 나보다 나이 든 사람들의 멋진 삶을 동경하는 만큼 별 볼일 없는 삶을 살아가는 가까이의 어른들을 경멸했다. 어느 것도 그렇게 간단하지는 않았다. 《쇼코의 미소》를 읽으며 괴로웠다. 이 소설이 그 고통스럽던 시간을 다시 살게해서였다. 놓아버리면 놓아버린 대로 애쓰면 애쓴 대로 예상하지 못했던 지옥에 산다. 그리고 어느 날 알아버린다. 나이를 먹은 줄도 몰랐는데 갑자기 살아온 시간이 내 뒤에 긴 궤적을 그린다. 언제나 삶이 더 무겁고, 균형 맞추는 법을 배우지 못한다.

일은 언제 재미있어지는가

잘하지 못하는 일을 즐기기란 어렵다. 열심히 하는 자 위에 재능 있는 자가 있고 그 위에 즐기는 자가 있다는데, 열심히 한다고 재능이 만들어지는지 알기 어려우며 즐기는 건 또 다른 문제다. 나는 직장생활을 하고 첫 2년간은 "다른 사람들을 위해서라도 그만두어야 하지 않을까" 하는 생각에 시달렸는데, 그만큼 일을 못하기도 했고, 주변 사람들이 그 사실을 내게 알려주는 데 무척 적극적이었기 때문이다. 글을 쓰는 일을 이렇게까지 업으로 삼게 될지 전혀 예상할 수 없었던 시간이었다.

첫 2년, '꾸역꾸역의 나날'은 내 안에서 지워버린 문신 같은 이미지로 뇌에 남아 있다. 어렴풋한 고통은 있는데 분명한 기억은 대부분 사라져 있다. 괴로웠다는 기억만 있다. 그것이 의미 창출과 거리가 먼 시간이었기 때문이다. 인간관계가 그렇듯 일도 나와 갑자기 가까워지거나 멀어지지 않는다. 우리는 능숙한 인간으로 태어나지 않는다. 재능과 능숙함은 다르고, 후자는 무조건 꾸역꾸역의 나날이 필요하다. 버틴다고 뭐가 되지는 않지만, 그런 보장은 없지만, 재미없는 걸 참아내는 시간 없이는 재미가 오지 않는다. 피아노를 배울 때 하농을 치면서 늘 생각했다. 하농은 왜 나에게 이런 시련을 주는가. 선생님이 손을 푸는 거라고 하는데 내 느낌에 내 손은 늘 풀려 있었다.

프로가 된다는 것은, 꾸준히 단련하고 (최악의 상황에서조차) 일정한 아웃풋을 만들 수 있으며 자기 자신과 타인의 실력과 능력치를 가늠해 협업에 용이한 사람이 되는 거라고 생각한다.

내가 일을 좋아하는 것 이상으로 좋아한다고 느낄 때는, 같이 일하는 사람들이 나와 일해서 좋다고 표현할 때다.

하지만 모든 일이 꾸역꾸역을 견디면 다음 단계로 진입할 수 있는 방식으로 이루어져 있지는 않다. 오로지

꾸역꾸역으로만 이루어져 있는 일이 세상에는 많이 존재한다.

그리고 나이 든 인간은 꾸역꾸역의 나날을 산뜻하게 잊어버리고 고나리질을 하는 것이다. 더 이상 하고 있지 않은 40년, 30년, 20년, 10년, 1년 전의 꾸역꾸역을 후배들에게 고나리질 하는 것이다.

+

신입사원에게 후배가 생기는 순간, 조직의 모든 사람은 신기한 광경을 보게 된다. 본인의 일도 처리 못 하는 어제까지의 신입사원이 순식간에 선배로서의 위엄을 갖춰 후배에게 이래라저래라를 아주 능숙하게 하는 모습을 생중계로 보게 된다. 생각해보면 대학교, 고등학교, 중학교 때도 그랬다. 학원이나 학회, 동아리 등 다음 학년이 들어오면 갑자기 "엣헴"을 시작한다. 이 이야기를 꺼낸 이유는, 당신은 언제나 당신 생각보다 꼰대라는 말을 하려고. 내가 하는 건 조언이고 남이 하는 건 꼰대질이라고 생각하면, 정말 답도 없다.

인간관계에 대하여

행복과 성취를 나눌 수 있는 친구 찾기가 어렵고 괴로울 때 이야기를 들어주는 친구 찾기보다 훨씬 더 힘들다. 남 안되는 이야기는 다들 궁금해하지만 잘됐다는 이야기에 는 트집부터 잡고 걔가 어쩌고저쩌고 한다.

어울릴 사람을 고르는 기준도 그런 사실을 깨달으면 서 바뀌었다. 내게 좋은 일이 있을 때 말할 수 있는 사람 을 좋아하게 되었다. 그 사람들은 나의 힘든 일도 경청하 는 사람들이고. 전자를 충족시키는 사람은 반드시 후자 도 충족시킨다. 후자만 충족시키는 사람은 아주 많지만.

그리고 다른 사람의 좋은 일에는 더 적극적으로 축하 하는 사람이 되었다. 좋아요를 누르든 댓글을 달든 문자 메시지를 보내든 밥을 사주거나 포옹을 하거나 선물을 하든. 좋은 일이 있을 때 나를 떠올릴 수 있으면 좋겠다.

타인의 삶에 기쁨을 더해줄 수 있는 사람이 되고 싶다.

그렇게 되기 위해서는 내가 꼬인 데가 없어야 한다. 어떤 날은 타인의 행복에 견딜 수 없는 기분이 되고야 마는데, 그럴 때는 차라리 말을 않는다. 그것이 나에게 있는 어떤 불길한 에너지, 그로 인한 상상으로 비롯됨을 알기 때문에. 비꼬는 능력은 아주 쉽게 발달시킬 수 있다. 고작 인간이라.

남 욕만 주고받는 사람들과 멀어지는 일도 중요하다. 트집 잡고 비꼬는 방식의 대화는 누구와도 금방 친한 기분이 들게 하고, 어느 순간 그런 이야기에서만 맴돌게 되는 경우를 본다. 갑자기 나도 그렇게 되고, 같이 낄낄거리고 있고, 돌아올 때 나 자신에게 토할 것 같다. 그래서 그런 사람들과 멀어졌다.

타인의 불행을 수집하는 사람이 되지 말 것. 누군가의 성공을 있는 그대로 두고 관상하는 법을 익히지 못하면 표정이 못생긴 노인이 된다고. 심술궂은 표정을 하고 있는 사람과 마주앉은 나의 얼굴은 바로 그 심술궂은 얼굴과 다르지 않음을 절대 잊으면 안 된다.

어려움과 불안, 고민, 괴로움을 토로하는 얘기는 언제나 청중이 있다. 기쁨을 입에 올렸을 때 "축하해!" 한마디를 못하는 사람들도 그건 할 줄 안다. 아주 작은 일이든 인생을 바꾼 일이든, 행복을 배가시켜줄 사람을 찾고, 당신도 그런 사람이 되길. 그러면 좋은 일이 많아진 것처럼 삶이 바뀐다.

나는 힘들어 죽겠는데 가까운 사람이 너무 좋은 일이 있다며 기뻐할 때, 그냥 "축하해!"라고 하면 된다. 당신의 기쁜 일을 듣고 축하하는 누군가도 언젠가의 당신처럼 엄청 괴로운 나날을 겪고 있을 테고, 그런 사실을 배우면 자랑도 적당히 하는 법을 배우게 되는 것이다. 영영 못 배우는 인간도 많지만.

좋은 일이 있을 때 이런 일이 생겼고 나 너무 행복하다고 말할 수 있는 사람이 있다는 게 내가 이룬 큰 성공이라는 생각을 한다. 많지는 않지만. 사실 거의 없는 수준으로 수가 적지만!

불행팔이가 먹히는 사회라는 것은 슬픈 일이다. 너무 많은 사람들이 불행을 견주는 데서 즐거움을 느낀다. "내

친구들은 다 즐겁게 잘 살고 있어!"라고 말할 수 있는 건, 그들에게 좋은 일만 있어서가 아니라, 좋은 일을 확대해주는 서로가 있기 때문이다. 그게 나야 나….

마지막으로. 타인의 기쁨에 기뻐하는 능력은 후천적이고 무척 많은 에너지를 소모하기 때문에, 나에게 되돌려주지 않는 사람에게는 나도 아무것도 하지 않는다. 밑빠진 독에는 물을 붓지 않는 것이 가장 나으니까. 나는 착한 사람이 되려는 게 아니다. 내게 중요한 사람들을 기쁘게 하고 싶을 뿐이지.

나는 착한 사람이 되려는 게 아니다.

내게 중요한 사람들을 기쁘게 하고

싶을 뿐이지.

다른 여자 존중하기

다른 여자를 우습게 생각하지 않았으면 한다. 나이 든 여자들이 젊은 여자들의 분투를 보며 "나도 그런 때가 있었지"라며 고민을 스쳐가는 (쉬운) 것으로 치부하지 않았으면 한다. 젊은 여자들이 나이 든 여자들의 분투를 보며 "그렇게 정신 차리고 똑바로 살지 그랬어"라고 개인의 판단 착오로 모든 잘못을 돌리지 않았으면 한다.

나는 언제나 최선이라고 생각하는 선택지를 따라왔다고 생각한다. 내가 원하는 만큼의 최선이 주어진 적은 없어도, 내가 만들어낼 수 있는 최선을 만들며 살아왔다. 그러나 그것만으로 되지 않는다. 그래서 여성들이 처한 구조적인 어려움을 보게 되었다. 남자들의 커리어 하이가 50살 전후인데, 여자들의 커리어 하이는 40살 전후다. 30대 중반에 여자 나이 40살이 제일 좋을 때라는 말을 들었을 때, 그때까지는 기회가 있나 보네 하고 좋아했는데, 그 나이를 넘기니 알겠다. 그게 어떤 뜻인지, 얼마나 가혹한 말인지. 퇴직, 한직으로 밀려나기 등이 40살 넘은 여자들을 기다리고 있다. 내가 처음 직장생활을 하던 때는 30대 중반이 여성들의 커리어 하이로 보였는데, 그때는 그냥 열심히 살면 안 될 게 없다고 생각했었고 지금은 그렇게 단순한 문제가 아니라는 걸 안다.

어렵고 힘든 얘기를 다 토로하지 않는다 해서, 불가피했던 삶의 깊은 굴곡을 다 노출하지 않는다 해서 남들이 쉬운 인생을 사는 것은 아니다. 걱정 없이 사는 듯 보이는 사람에게도 사연이 있다. 옆자리 여자를, 윗자리와 아랫자리 여자를, 옆집 여자를, 당신을 위해 일하는 여자를, 모르는 여자를 좋아할 필요는 없지만 존중하자.

다른 여자의 경험으로부터 배우지 못하는 여자만이 같은 실수를 반복한다.

내 지인이 싫어하는 사람

당신은 어디까지 의리를 지킬 셈인가? 가장 신기한 경험들. 여자들은 소문에 휩싸여 누구와는 절대 아무것도 하지 않겠다고 맹세하곤 한다. (그리고 그것을 실천에 옮긴다!) 나는 종종 묻는다. "그 사람이 당신에게 무슨 짓을 했어요?" 아무 짓도 안 했다는, 혹은 만난 적도 없다는 대답이 돌아온다면 다시 묻는다.

'소문'은 빅데이터다. 직접 경험하지 않고도 시행착오를 피할 수 있게 해준다. 다만 여성에 대한 평가는 대체로 너무하다 싶게 박할 때가 많고 별 이상한 이유로 나쁜 소문이 돌아다녀서, 소문만으로 여성을 만나기도 전부터 평가해버리면 불필요한 선입견을 쌓고 우회하느라 에너지 소모를 하는 경우가 많게 된다. '소문'에 대해 검증할 때는, 느낌 말고 사건을 확인하라. '싫다' 말고 '문제가 있다'를 확인하라. 내가 일하며 배운 사실인즉, 내가 싫어하는 사람이 내 친구와는 잘 맞을 수 있다는 것이다. 그러면 그것으로 족하다.

끊어야 하는 관계

나를 존중하지 않는 사람, 나의 성취를 인정하지 않는 사람과는 관계를 오래 유지할수록 손해다. 만난 뒤 집에 돌아가는 길에 기분이 울적해지는 사람이 있다. 내게도 그런 사람들이 있었다. 내가 뭘 해보려고 한다며 말을 꺼내면 "그게 잘 될까?"라면서 걱정해주는 척 안 좋은 이야기를 늘어놓는 사람들의 경우가 대표적이다. 나는 상대의 일을 지지하는데 그에 대해 돌아오는 말은 죄다 부정적일 때, "괜찮아! 난 소중하니까" 같은 향상심을 유지할 수 있는 사람도 있겠지만 태반은 타인의 말에서 영향을 받는다. 가까운 사람의 말이라면 더 그렇다. 당신에게 부정적인 말을 들려주는 사람이 절친이라면? 직속 상사라면? 아버지 혹은 어머니라면? 언니, 오빠, 동생이라면?

성공에 함께해주는 사람과 슬픔에 함께해주는 사람.

어떤 사람이 진짜 친구일까? 둘 다 진짜 친구다. 혹은 둘 다 진짜 친구가 아닐지도 모른다. 인간은 어렵다. 타인을 우습게 생각하면 안 된다. 슬픔에 함께해주는 사람이 내 고난의 구경꾼인지, 내 곁에서 나를 지켜주는 사람인지 구분하기는 쉽지 않다. 일이 안 풀리는 사람 곁에는 어차피 얻어먹을 콩고물이 없다고 판단하고 일찌감치 사람들이 떨어져 나가기도 한다. 별 볼일 없어지면 주변은 금방 텅 빈다. 많은 경우 사람들은 그냥 소문만을 궁금해한다.

좋은 일에 진심으로 축하해주는 사람 역시 마찬가지다. 일단 그런 사람은 귀하다. 사촌이 땅을 사면 배가 아프다는 한민족은 가까운 사람이 잘되면 갑자기 평상심을 잃고 흑화하곤 한다. 세상에 좋기만 한 일은 없다는 일반론에서 시작해, "내가 이런 말은 안 하려고 했는데"로 시작하는 남 말 전하기도 자주 접하게 된다. 즉, 너는 스스로 만족하고 있을지도 모르겠지만 사실 남들은 너를 욕하고 있고, 내가 보기에 너의 성취는 아무것도 아니라는, 즉 깎아내리는 말이다. 애초에 남 잘되는 일에 대해서 일절 코멘트하지 않는 자칭 친구도 있다. 생판 모르는 사람도 축하인사를 하는데, 가까운 사람들은 침묵하는 이상한 경험을 해본 사람이라면 좋은 일에 함께 기뻐하는 사람이 얼마나 귀하고 감사한지 알 수 있으리라. 하지만 잘되는 사람 곁에 사람이 몰린다면 그 이유는 단순하다. 콩고물 떨어질 궁리를 하는 것이다. 그러니 이래도 저래도 믿을 만한 사람을 가리는 일은 고되고, 그 과정에서 누군가와 가까워지기도 하고 멀어지기도 한다.

나는 좋은 사람을 위한 자리를 만든다는 생각으로 싫은 사람과 적극적으로 멀어진다. 놀랍게도 나를 감정적으로 괴롭히는 사람일수록 나와의 관계를 유지하는 데 적극적인데, 그래서 더 적극적으로 멀어진다. 좋은 관계를 많이 경험해야, 새로운 사람을 만나고 어울리고자 하는 적극성이 사그라지지 않는다.

물론 타고난 사교인간들은 나처럼 안간힘을 쓰지 않고도 군단을 잘만 거느리고 다니더라만.

악의와 맞서기(혹은 도망치기)

사람은 약하다. 작정하고 남 깎아내리려는 사람이 있으면 무조건 도망치는 게 가장 좋다. 강철 멘탈이라 해도 그 멘탈을 그런 거 상대하는 데 쓰지 말자. 처음엔 깎아내리는 말을 하는 사람에게 같은 식으로 (상대의 김을 빼는 식으로) 응수했는데, 내 힘 빼는 말 듣기 싫은 것처럼 남 힘 빼는 말도 하기 싫다. 더 행복한 삶을 가질 수 있다, 누구나. 인간관계만 잘 다져도 내 멘탈 깎는 얘기만 안 들어도, 쓸데없는 고민하느라 울적할 필요는 없잖아.

어차피 살다 보면 안 풀리는 일투성이니까, 굳이 그런 말을 듣기까지 할 필요는 없다. 독설은 독설일 뿐이고 뼈 때리는 말도 뼈 때리는 말일 뿐이고, 더 격려받고 응원받고 축하받는 게 도움이 된다. 응원은 정말 도움이 된다. 걱정해서라고 해도 부정적인 말은 근심만 키운다. 사회생활하며 들은 얘기 중 가장 웃기고 무서운 말은 이것이 아닐까 한다. 대체로 내가 마음에 들었다는 말을 하는 사람들이 덧붙이는 말이다. "내가 남 잘되게는 못 해도 안되게는 할 수 있거든." 이 말은 진실이기도 하고 거짓이기도 하다. 세상에는 오로지 순수한 악의만으로 타인을 공격하는 사람이 있다.

웹툰, 웹소설 신인 작가의 작품에 좋다는 댓글을 열심히 다는 나름의 공작(?)을 한 후 돌변해 분노와 원한을 쏟아내는 댓글을 쓰는 사람들이 있다고 한다. 관계자로부터 이 얘기를 들으면서 인간의 악의는 과소평가하면 안 된다고 다시 한번 생각했다. 피드백인 척하면서 악의를 과시하는 말도 분명 존재한다. 순전히 악의로 하는 짓에도 사람들은 (당하는 사람 포함) 뭔가 이유가 있지 않을까 생각하게 되는데, 그게 망하는 포인트다. 뭘 고치거나 개선해도 상대가 바뀌지 않는데 그것은 순전히 그가 당신의 불행을 보려는 목적을 가지고 있기 때문이다.

그냥 궁금해서 동물을 괴롭히고 곤충을 잡아 뜯던 아이들을 처음 본 초등학교 때부터 온갖 형태의 괴롭힘이 판치는 지금까지, '이유'를 생각하지 말고 도망치라고밖에 말하지 못하겠으나 애초에 도망치는 게 가능하면 당하고 있지도 않는 법이다. 당신 잘못이 아니며, 상대를 교화시키기란 많은 경우 불가능하다.

가장 좋은 전략은 36계 줄행랑. 악의에 대해서라면 언제나 정답.

일을 하는 기준: 억울함

일을 고르는 기준을 하나만 정한다면, '억울할 일은 하지 말자'. 인간관계에도, 일에도 적용되는 이야기다. 경험으로만 기준을 정할 수 있으며 사람마다 기준이 다르다. 나는 그 일이 내게 주는 보상(돈)과 드는 수고(시간) 두 가지를 중심으로 억울함의 기준을 세웠다.

일 잘하는 사람이 좋다

아주 오랫동안, 이런 이야기를 했다.

"넌 어떤 사람이랑 일하는 게 좋아? 일 잘하고 인간성이 개판인 사람, 일 못하고 인간성은 좋은 사람."

먼저 이 질문에 답하자면, 나는 오랫동안 전자라고 생각했고, 한동안 후자라고 믿었고, 지금은 인간이 단순하지 않다고 결론지었다. 생각이 바뀐 이유는 아주 단순하다. 내가 그러저러한 사람을 만나서 (개)고생을 했기 때문이다.

지금 와서 보니 '협업'을 잘하는 사람은 일을 잘하고 인간적인 매력도 있는 편이다. 사람 좋다는 말과는 다른데, 사회에서 협업을 하려면 서로 다른 사람들 사이에서 일을 '만들어내고 정리하는' 법을 알아야 한다. 조직에 속해 있든 아니든, 그냥 자기 일만 잘하는 사람도 있다.

한편 일 못하고 인간성만 좋은 사람도 있다. 사회생활을 오래 하면서, 그런 사람들이 얼마나 조직에 남기 쉬운지 깨닫는 일이 정말 많다. 크고 작은 거짓말, 크고 작은 공금횡령, 애인부터 사돈의 팔촌까지 일에 끌어들이는 방식까지. 그런데 평소에 꽤 사람 좋아 보이는 태도를 유지하기 때문에 사람들은 그를 쉽게 의심하지도 않고 (못하고) 문제를 인지한 뒤에도 그간의 정이 무서워서 처벌하지 못하겠다고 말한다! 그런 인간 말종 때문에 일 잘하는 사람들, 그 조직의 미래를 맡을 사람들이 실망하고 조직을 떠나기 시작한다.

그리고 시간이 지나면 일 못하고 사람 좋은 척하는 (이렇게 다른 사람들에게 감정적 불쾌감과 금전적 손실을 끼치는 사람이 진짜 좋은 사람일 리 없다) 사람들이 바글바글해진다. 이런 사람들은 자기가 속한 조직에서 어떻게 해야 자기가 자리를 잡을지 안다. 이런 자들은 윗사람이 바뀌면 가장 먼저 가서 식사와 차를 권하며 이제 새로 조직을 맡은 윗사람에게 분위기를 귀띔해준다는 식으로 관심을 선점한다. 일은 못하지만 사람은 잘 다루는 이런 이들은 조직에서 떨려나지 않고, 결국 멋진 커리어와 인간관계를 갖고 살아남는다. 심지어 일은 못하는데 비리를 저지를 땐 세상 부지런한 사람들.

프리랜서도 마찬가지다. 조직 생활을 하는 사람들보다는 훨씬 더 능력 중심으로 평가받지만, 그럼에도 불구하고 '노른자위'의 일(비교적 수월하고 페이가 높은 일)에 '일못(일 못하는 사람)'이 끼어들어 허허헤헤 깔깔껄껄 하는 모습을 보고 뒷목 잡을 때가 있다.

그래서 일정 정도 경력이 쌓이면 혼란이 가중된다. 일에 더 신경 쓸까, 인간관계에 더 신경 쓸까.

미안하지만 이 책은 처세술을 위해 쓰이지 않았다. 꾸준히 일하고 싶다면, 오래 일하고 싶다면, 일을 잘하는 능력이 무엇보다 중요하다. 일은 잘하는데 걸핏하면 소리 지르고 싸우는 사람은 피곤하다. 언제나 웃으며 친근하게 얘기하지만 일 진행이 엉망인 사람은 필요 없다. 당신 자신이 맡은 일을 제때 완수하는 능력을 키우는 만큼이나 그런 사람들과 어울리고 일을 도모할 필요가 있다. 그런 사람들을 주변에 두고, 그런 사람들의 배후가 되어라.

그렇게 시간이 쌓이면 인간관계로만 돈 버는 사람들을 판에 끼워주지 않는 '결정'을 내릴 수 있게 된다. 그런 결정을 내릴 수 있는 사람이 되었을 때 단호함을 갖추는 건 또 다른 문제지만.

L선배에게

선배, 오랜만이에요. 거긴 어때요?

마지막으로 통화한 때가 기억나는데. 그때 제 첫 책이 나왔던 때였어요. 《책읽기 좋은날》. 새로 글을 쓸 여력이 전혀 없던 시기에, 오랜 기간 써둔 리뷰들을 모은 책을 냈던 때요. 벌써 10년도 더 지났어요. 시간이 이렇게 잘 간다는 게 이상해요.

지금은 책이 새로 나와도 아는 사람들에게 증정본을 잘 보내지 않아요. 사서 보라는 뜻이기도 하지만, 괜히 원치 않는 책을 쌓을까 봐 걱정하게 돼요. 저에게는 소중한 책이지만 받는 사람에게는 짐일 수 있으니까. 그런데 그 책은 유일하게 제가 아는 선배들, 친구들, 지인들에게 열심히 증정본을 돌렸어요. 어쩌면 마지막이 될지도 모른다고 생각했거든요. 어머니도 마치 자식 청첩장 돌리듯 사람들에게 전화로 출간 소식을 알렸던 기억이 있어요. 그리고 제가 선배한테는 그 책을 안 보냈었죠. 선배 퇴사하시고는 따로 연락한 적이 한 번도 없었어요. 이 일을 떠올리는 이유는, 책을 사서 봤다고 제게 연락한 회사 사람은 선배가 유일했기 때문이에요. 그리고 그 전화통화 내용이 지금도 기억나요.

책에 등장하는, 제 직장생활 초년 이야기를 읽었다고 선배가 운을 뗐어요. 지금 다시 그 대목을 찾아봤어요.

"내가 갓 수습 딱지를 뗀 신입기자이던 시절, 나를 가르친 선배는 '수치심'을 가르쳤다. 내가 얼마나 일을 못하는지를 자각하고, 능력 있는 선배들에게 폐가 되지 않겠다는 생각으로 일하라는 가르침이었다. 그 가르침에서 큰 도움을 받았고, 지금도 감사하다. 하지만 내가 하는 일을 좋아하고 있다는 만족감은 현재의 나를 긍정하는 데서 발견할 수 있었다. 그러니 우리에게 필요한 것은 '비판적 긍정'일 것이다."

저는 일을 처음 시작하고 2년 정도는 좋은 기억이 거의 없어요. 한평생 들을 일 못한다는 말을 그때 다 들은 거 같아요. 퇴근길에 우는 줄도 모르고 울던 일도 있었고. 실제로 맨날 사고를 쳤던 기억이 생생하네요. 신입사원이라고 해도 1/n만큼의 일을 해야 했던 그 일 많던 시절이 제게는 정말 쉽지 않았고, 선배들이 그만큼 고생했구나 하고 두고두고 생각했어요. 그 와중에 선배랑 같이 일한 기간이 정말 짧았잖아요. 제가 입사했을 때 선배는 임신하고 근무 부서를 옮긴 상황이었는데, 매주 밤을 새서 출근하고 28시간 정도 지나야 퇴근하던 시기라서, 임신 6개월쯤 조산기가 있다는 말에 선배가 일찌감치 출산휴가에 들어갔던 기억이 나요. 그 아이가 이제 대학교 들어갔다죠?

매주 책을 만들 때마다 사고가 나서 토요일에 광화문역에 가서 다음 주 책 깔린 걸 사서 혹시 사고가 없나 찾아보던 생각이 나요. 불안발작 걸릴 것 같던 나날이었거든요. 제가 실수가 잦으니 그때 팀장이 선배를 불러서 혼내고, 그래서 선배가 울던 기억도 나요. 그날도 회사를 참 그만두고 싶었는데. 그때 회사에 있던 선배까지 전부 통틀어서 제가 이 회사를 제일 오래 다니고 있어요. 이게 잘

사는 건지, 한심한 건지 잘 모르겠어요. 이런 생각을 하면서 또 마감 한 번 지나고, 월급날 한 번 지나고 그러다 보니까 갑자기 이렇게 되어있더라고요. ㅋㅋㅋ

어쨌든, 그때 선배가 전화했던 이유는 "그런 말을 해서 정말 미안하다"였어요. 너에게 그 말이 그렇게 상처로 남았는 줄 몰랐다. 책을 냈다고 해서 축하하는 마음으로 사서 읽다가 깜짝 놀랐다. 제가 했던 대답은 간단했는데, "그거 선배가 한 말 아니에요"였죠. 그 말 선배가 한 말 아니었는데. 회사 선배들 중에서 그 책에 대해서 읽고 코멘트한 유일한 사람이 선배였는데, 그 내용이 (하지 않아도 되었던) 자기반성이었던 기억이라, 글 쓰는 일은 어렵구나 생각했어요.

한번 보자고 말은 했지만 그러고 또 시간이 많이 흘렀네요. 7년이나 됐더라고요. 언젠가 다시 만날 일이 생기리라 생각했을까요.

M선배의 어머니 장례식에서 선배 소식 들었어요. 회사 다니면서 지긋지긋하게 매일 만나던 때만 해도, 회사 떠나면 상갓집 아니면 연락 주고받을 일이 없게 된다는

사실을 몰랐는데. 이젠 그렇게 됐어요. 서울 시내를, 큰 대학병원 장례식장으로 다시 알아가요. 그날은 강남 고속터미널 근처의 병원이었고, 아침 일찍 혼자 인사만 하고 오려다가, 잠깐 앉았다 가라는 말에 M선배와 마주앉아 이런저런 이야기를 나눴어요. 그때 선배 얘기를 들었어요. 왜 아무도 몰랐을까요. 부모님 돌아가시는 소식은 금방 알려지는데, 정작 본인상을 당하면 사회생활을 하고 있지 않는 이상 친구들이 아니면 접할 수 없는 것인가요. 황망한 심정이었습니다.

나중에 P선배에게서 들었어요. 선배가 회사를 그만두던 때 뱃속에 있던 아이가 당시 고등학교 3학년이 되었다고. 그제야 선배도 다시 일을 시작하게 되었다고. 그래서 평소와 다른 루틴으로 장을 보러 갔다가 생긴 일이었다고. 지병이 있는 것도 아니고, 나이가 많은 것도 아닌데, 몇 가지의 사고가 겹쳐서 벌어진 일이라고. 그나마도 자세한 이야기는 접하지 못했습니다.

회사를 그만두고 업계를 떠났다 해도 안부를 주기적으로 주고받는 일은 어렵지도 않았는데.

뒤늦게 후회하고 있어요.

선배가 새로 시작하려던 일은 무엇이었는지 궁금해요. 이제 물을 사람이 없어졌어요. 선배가 난 자리만큼 세상에 영원히 해결되지 않고 남겨진 수수께끼들이 존재하겠죠.

늦게 인사드려서 정말 미안해요.

편히 쉬세요.

다시 만나는 날까지.

이다혜 드림

옆자리 여자를, 윗자리와 아랫자리 여자를, 당신을 위해 일하는 여자를, 모르는 여자를 좋아할 필요는 없지만 존중하자.

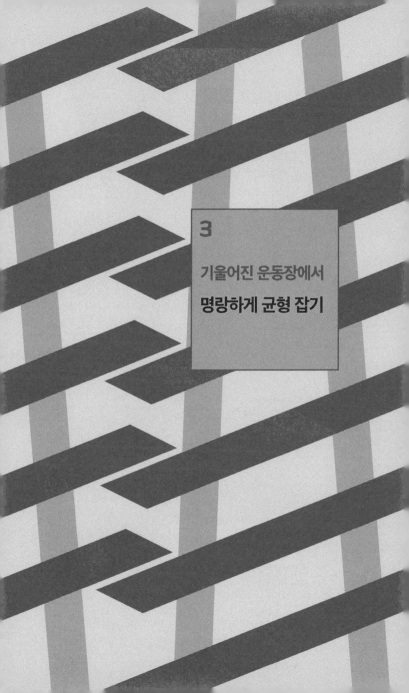

3

기울어진 운동장에서

명랑하게 균형 잡기

임금격차

넷플릭스 다큐 〈세계를 설명하다〉에는 "왜 여성은 더 적게 받는가"라는 영상이 있다. 이 프로는 이런 내레이션으로 시작한다. "폴란드에서는 남성이 1달러를 벌 때 여성은 91센트를 법니다. 이스라엘에서는 81센트를 벌죠. 한국 여성들은 겨우 65센트를 받습니다." 한국은 여성과 남성 간의 임금격차가 큰 사례로 언제나 거론된다. 여성이라고 해서 물건 값을 깎아주는 것도 아닌데 왜 임금은 적게 받는가?

여성은 보조자의 역할이 아니라 동등한 기회를 원하고, 그에 따른 동등한 임금을 원한다.

이 다큐는 1950년대와 1960년대에 성별 간 임금격차가 발생한 이유에 대해 (1) 여성들은 교육을 덜 받았고 (2) 직장에 다니는 여성들이 많지 않았고 (3) 전통적인 여성들의 업종에서 일했고 (4) 여성에게 더 낮은 임금을 지급해도 법적으로 문제가 없었고 (5) 성역할과 적성에 관한 문화적 기준 (여성들은 지적 능력이 떨어진다, 여성은 권력을 가질 수 없다, 여성은 가정에 머물러야 하고 아이를 키워야 한다) 등이 작용했다고 분석했다. 그리고 세상이 바뀌었으나, 그럼에도 불구하고 영원히 바뀔 수 없는 것은 여성이 아이를 낳아야 한다는 사실이었고, 여성이 주양육자가 되어야 한다는 생각이었다.

"왜 여성은 더 적게 받는가"의 논의는 이후에 더 흥미롭게 진행되는데, 아이가 있는 여성은 남편처럼 풀타임으로 일해도 육아와 가사에 할애하는 시간이 남편보다 주당 9시간이 더 많다. (미국의 경우다.) 1년이면 풀타임 직장을 3개월 더 다니는 것과 같으며, 이것이 임금격차의 핵심이다. 같은 조건하에서 성장해 같은 교육을 받았어도 출산 적령기에 아이를 낳으면 두 사람 중 한 사람은 집에 머물러야 한다. 아이 돌보는 부분에서 도움을 받기도 하지만 아이가 아프거나 병원에 가서 예방접종을 하는 등의 일에 결국 주양육자가 필요해진다. 남편은 승진을 하는 동안 아내는 자녀 양육을 위해 출장을 비롯한 다양한 기회를 거절해야 하고, 결국 승진은 불가능해진다.

즉, 여성은 '시간'을 가족을 위해 할애하기를 더 요구받는다. 브리짓 슐트의 《타임 푸어》는 가정 내에서 여성들이 고질적으로 시달리는 시간 부족 문제를 몇 개의 챕터를 할애해 설명하는데, 8장 도입부에는 미국의 경제학자이자 페미니스트인 하이디 하트만의 문장을 인용한다. "페미니즘 때문에 달라진 건 '일을 더 많이 하게 된 것'밖에 없었다고 사람들은 말한다." 여성은 일을 해야 하는데 남성은 가정을 돌보는 데 관심이 없어서 결국 여성은 일을 하기 위해 가정까지 착실히 돌봐야 한다는 강박에 사로잡힌다. 이 책에서는 '혈연봉사'라는 표현을 쓰는데, 명절 계획을 짜고 가족의 유대를 강화하는 노동을 뜻하는 말이다. 한국의 설 연휴, 추석 연휴, 집안 대소사가 여기에 들어간다.

브리짓 슐트는 둘만 있었던 때는 집안일을 공정하게 나누는 편이었지만 아이들이 태어난 뒤부터 저울추가 기울기 시작했다고 회고한다. 자신이 참다 참다 폭발하고 나면 남편이 저울추를 바로잡으려는 노력을 잠시 하지만 결국은 자신이 집안일을 도맡아 했다고. 둘 다 전일제로 일하고 수입도 거의 비슷했는데도. 브리짓 슐트의 남편은 이런 말을 곧잘 했다고 한다. "남자들은 지저분한 데서도 잘만 살아." 즉, 깨끗하기를 원하는 사람이 청소를 하면 된다는 논리다. 브리짓 슐트는 어느 날 남편이 한 달간 아프가니스탄에 출장 갔던 때를 떠올린다. 군사기지에 마련된 숙소 앞에서 지저분한 몰골로 찍은 사진을 보면서 브리짓 슐트는 "남편이 부러웠다"고 말한다. 남편이 그립고, 그의 안전을 염려하는 마음과 더불어, 회사 일을 하고, 아이들을 챙기고, 공과금을 납부하는 모든 일을 하는 동안 남편은 "일하러 가기만 하면 되는구나"를 명백히 깨달았기 때문이다.

나는 결혼을 하지 않았고 혼자 살고 있지만, 나 역시 '일하러 가기만 하면 되는' 상황은 아니다. 혼자 사는 집에서는 내가 하지 않으면 아무것도 처리되지 않는다. 그런데 결혼을 하면 식구 수만큼의 하중이 아내에게만 추가되는 경향이 있다. 임금격차라는 말은 임금만을 말하지만, 가사노동 격차까지 따지면 어딘가 한참 이상한 이야기가 되어버린다. 게다가 아이가 둘 이상 태어나면 살림과 자녀 양육을 아내가 도맡고 남편은 돈벌이에 집중하는 이른바 가부장적 모델이 점점 '유리해' 보이기 시작한다. 한국처럼 여성과 남성의 임금격차가 큰 나라에서는, 돈을 더 버는 사람이 직장을 유지하기로 했을 때 남성이 그 사람으로 낙점될 확률이 매우 높다. 당황스러운 점은, 아내가 더 높은 소득을 올리는 가정에서, 아내는 남편의 기를 죽이지 않기 위해 소득이 더 높은 점을 과시하지 않기를 요구받는다.

프리랜서로 일하는 사람들은 급여가 정해져 있지 않고 능력에 따라 천차만별의 소득 차이가 생기기 때문에, 받는 돈의 액수가 성별보다는 능력에 의해 차등 지급된다고 생각하는 경향이 있다. 실제로 틀린 말은 아닌 듯 보이지만, 경험상으로 프리랜서라 해도 여성과 남성 간에 엄연한 차등지급은 이루어진다. 유명한 남성 A와 A보다 유명세가 떨어지는 여성 B가 함께 같은 일을 한다. 이때는 당연하게 A에게 더 큰 액수를 지급한다. 그런데 유명한 여성 A와 유명세가 떨어지는 남성 B가 함께 같은 일을 할 때는, 같은 일을 한다는 이유로 페이가 같게 책정되는 식이다. 혹은, 돈을 많이 주는 일은 참여하는 사람이 (업계 사람들의 성비와 무관하게) 압도적으로 남성이 많다. 가장 흔한 예로 프리랜서 아나운서는 여성과 남성 모두 많지만, 자기 프로그램을 진행하는 사람은 남성이 압도적으로 많다. 이런 때 흔히 유명세, 능력 차이를 이유로 제시받지만 살펴보면 더 유명한 여성보다 덜 유명한 남성이 더 많은 기회를 갖는다.

내가 경험하거나 가까이서 본 프리랜서 성별 임금격차는 이렇게 다양한 양상을 띤다. 더 복잡하고 손이 많이 가는 일은 여자에게 간다. 여자가 꼼꼼하기 때문이란다. 프리랜서로 일하는 사람들 사이에 전설처럼 회자되는 이름이 몇 있는데, 이 중년 남성들은 놀라울 정도로 엉망인 퍼포먼스는 물론이고 아예 일하는 장소에 나타나지 않는 경우에조차 계속 일을 유지한다. 여자들은 지각 한 번으로도 같은 클라이언트에게서 다음 일을 얻지 못한다. 이런 말을 하면 기분 차이라고 하는데, 예외를 본 적이 없으니 놀랄 노자다. 가장 노골적인 프리랜서 성별 임금격차는 비슷한 지명도와 능력치를 가진 여성과 남성 두 사람이 함께 같은 일을 할 때 아예 남성에게 책정된 돈이 더 많은 경우다. 회사에서든 이런 프리랜서 업무에서든, 서로 일하는 액수를 정확히 공유하는 법이 없기 때문에 차별을 아예 인지하기 어렵다는 점이 가장 안타깝다. 결국은 여성들끼리 돈 관련한 이야기를 더 많이 공유하는 것이 가장 좋은 방법이기는 하다. 내가 저평가받고 있다면 최소한 그와 관련해 건의해볼 수 있는 기준은 갖고 있어야 하니까.

가장 좋은 해결책이라면 여성들이 예산을 집행하는 자리에 더 많이 가고, 임금격차를 없애는 방향으로 예산을 배정하는 것이다. 그러려면 여성들이 일을 오래 해야 하고, 그러려면… 생각하면 또 원점으로 돌아간다. 그래도 고민을 멈추지 않으면 더 나아지는 트랙 위에 설 수 있다고 믿고 노력할 뿐이다.

여성이라고 해서 물건 값을 깎아주는

것도 아닌데 왜 임금은 적게 받을까?

30대 후반 이후의 재입사에 관하여

회사를 그만두고 프리랜서나 자영업자로 3년 이상 (그럭저럭이나마) 성공한 커리어를 꾸리다가 재입사를 하는 게 가능할까? 개인으로 경험을 쌓은 뒤 재입사가 가능하다면, 당신도 회사를 그만두고 일단 일을 만들어보고 싶을지도 모르겠다! 해보고 안 되면 다시 회사 들어가지 뭐!

여성들에게 이 선택지는 없다. 다시 한번 강조한다. 퇴직하고 프리랜서나 자영업자로 3년 이상 '성공적으로' 지내다가 이전 회사와 동급이거나 그 이상의 회사로 재취업이 되는 경우는 극심한 여초업계 일부뿐이다. '일부'라고 쓰긴 했지만 솔직히 거의 보지 못했다.

얼마 전 나는 이전에 두 번 일로 만난 적이 있는 내 또래의 남성으로부터 연락을 받았다. 어떤 기획에 함께 일해보자는 요청이었는데, 이메일을 확인하다가 깜짝 놀랐다. 내가 만난 두 번 전부 그는 프리랜서였는데, 그 사이에 큰 회사의 이사가 되어 있었다. '큰 회사'가 애매하게 들리겠지만, 한국 대기업은 아니고 국제적인 IT회사였다. 원래 다니던 회사의 업무와 프리랜서로 하던 일의 중간 지점에 있는 일을 하게 되었으며, 심지어 이사로 입사한 것이다.

이런 일을 제법 많이 본다. 전부 남자다. 이 사실이 나를 정말이지 괴롭게 한다.

여자들은 한번 퇴직하고 프리랜서나 자영업을 하면 그걸로 직장생활은 끝이다. 직장생활을 재개해도 이전 회사와 비교할 수 없이 낮은 연봉이나 회사 규모를 감내해야 한다. 거기에 대해서 '가정과 양립 가능하기에 좋은'이라서 만족하는 경우도 있기는 한데, 가정과 일의 양립은 여자만 하는가? (여자만 하는 것 같다는 생각이 들 때도 있다.)

하지만 일을 좋아하고 일을 오래 하고자 하는 여성들에게조차 조직으로의 재입사는 거의 불가능한 미션이 된

<u>지 오래다.</u> 원래 있던 회사에 재입사하는 정도가 아니면 특히 그렇다. 유능했다 해도 마찬가지다. 프리랜서로는 고용해도 직원으로 쓰지는 않는다. 마흔 넘어 '안정성'을 찾아 좋은 회사의 좋은 자리로 재입사하는 남성들 소식을 들을 때마다, 나이 든 여성의 커리어가 인정받는 세계가 있기는 한가 의구심이 들곤 한다. 대기업이나 공무원으로 있다가 '낙하산'으로 재취업하는 사람들도 마찬가지다. 출근해서 밥 먹고 낮잠 자다 퇴근하는 낙하산 어르신들은 다 남자였다. 20대 취업률도 여성과 남성이 차이를 보이지만 (남성이 높다) 40대 이상의 재취업률과 그 직책으로 따지면 볼만할 것이다.

여성을 나이로 보지 말고, 외모로 따지지 말고, 커리어로 평가하고 인정하는 문화가 생겨야 한다. 같이 퇴사한 여성과 남성 중 남성만이 다시 재취업의 기회를 허용받는 경우를 볼 때마다 하는 생각이다. <u>둘 중 누가 더 일을 잘했는지 다 아시면서 왜 이러세요.</u>

출근길의 주문

일은 내가 아니다. (명함이 아무리 그럴 듯해도)

일보다 내가 중요하다. (내가 나 자신을 싫어하더라도)

나는 사장이 아니다. (사장이었으면)

언제든 때려치울 수 있다. (아마도)

대출금과 할부금 잔액 리멤버. (신이시여 제게 로또 1등
세 번!)

성공이 두려운 기분

'가면현상'이라는 용어가 있다고 한다. 1978년 조지아 주립대학교의 심리학자 폴린 클랜스와 수잰 임스가 만든 말로, 이 현상은 성공한 사람들이 느끼는 세 가지 유형의 감정을 말한다. 첫째, 사람들이 자신의 성공을 과대평가하고 있다는 느낌, 둘째, 자신의 성취는 순전히 운이 좋은 덕택이라는 생각, 셋째, 자신이 일군 성공이 그리 대단한 일이 아니라는 생각.《직장살이의 기술》을 쓴 로스 맥커먼이 가면현상에 주목한 이유는 그 자신의 이직 경험을 되돌아보면서였다. 그는 '항공사 잡지계의 〈에스콰이어〉'라는 사우스웨스트 항공의 기내지 편집장으로 일하다가 〈에스콰이어〉에서 스카우트 제안을 받았다. 댈러스에 모든 기반을 두고 살아왔는데 뉴욕에서 큰 기회가 찾아온 것이다. 기회 앞에서 맥커먼은 갈등했다. 사람들이 나를 사기꾼이라고 생각하면 어떡하지? 그간의 성취는 운이 8할이었는데, 그 사실이 들통나면 어쩌지?

Imposter syndrome. '가면현상'을 이 책에서 접하고는 오싹해졌다. 이런 기분을 느끼는 사람이 나 하나뿐이 아닌 데다가 심지어는 이름까지 있는 심리현상이라니. 다른 사람들은 나보다 더 나아 보이고, 나는 언제나 불안하다는 생각에서 벗어나지 못한다. 경력이 쌓이면 쌓인 만큼 안정감이 더해지기는커녕 불안이 더해진다. 나를 증명할 수 있는 기회가 줄어들어간다는 신호처럼 보여서.

특히나, 내가 남들이 기대하는 만큼의 인간이 아닐지 모른다는 두려움이 있다. 타인의 실망은 이제 곧 닥칠 위기이며, 그때 나는 어떻게 대처해야 할지 모른다. 가면을 쓴 사기꾼처럼 나 자신의 성공을 받아들이는 이런 경향은, 성공보다는 적당한 불운, 불행을 편안하게 받아들이는 데까지 나아갔다. 좋은 기회, 더 좋은 기회를 잡기 위해 아등바등하는 대신에, 더 안전한 자리에 있고 싶은 마음. 좋은 일만 이어질수록 불안해지는 마음. 열심히 노력했으니 그걸 누릴 자격이 있다고 믿는 대신에 이제 곧 나의 자격 없음이 폭로되리라는 두려움에 시달리기.

가면현상에 대한 글을 찾아 읽어볼수록, 누가 보기에도 의심의 여지없는 능력으로 성공한 사람들조차 이런 심리에서 자유롭지 못하다는 사실을 알게 되었다. 그리고 인정받고 타인 앞에 나서는 일이 성장과정에서 자연스럽게 주어지지 않은 여성들이 자주 겪는 감정 상태라는 것도. 언제나 열심히 살아왔는데 인정받지 못하던 세월이 있고, 그러다 인정받기 시작했을 때, 자신의 성공을 기쁘게 맞이하는 대신 두려움을 느끼는 식이다. '역시 세상이 날 인정하기 시작했군. 너희는 나의 진가를 더 알아야 한다!'라는 마음을 갖는 사람이라면 이런 고통을 겪지 않는다. 왜 이전에 주어지지 않던 인정이 지금 주어지는지 공포 섞인 마음으로 돌아보는 사람만이 이런 수렁에 빠져 허우적거린다.

왜 이런 생각에 빠져 있을까. 언제 '익숙한' 실패가 다시 찾아와도, 스스로를 불신하고 성공을 불신하는 사람은 덜 실망하기 때문이다. 스스로 성공에 도취했다 추락하기보다는 애초에 도취되지 않고 경계하면 추락할 때 충격이 덜하다. 나 스스로를 사기꾼 취급해서 얻는 것은 추락할 경우를 위한 자기환멸 정도다.

나로 말하자면 가장 자신 있는 것이 최악을 상정하기 였다. 살다 보면 나쁜 일 다음에 좋은 일 대신 더 나쁜 일 이 찾아온다. 바닥을 친 줄 알았는데 더 바닥이 있음을 확 인하고 나면, 상승하는 순간에 추락을 대비하느라 에너 지를 소모한다.

그런데 있잖아요. 성공이라는 것은 주변의 인정으로 부터 오고, 그것은 일 수행이 그만큼 인정받고 있다는 증 명이 된답니다. 작든 크든 노력해 얻어낸 것들에 감사하 고 기뻐하며 누리는 일도 연습이 필요하다는 점을 생각 하세요. 당신의 성공이 노력의 결과라는 점, 그렇게 얻어 낸 성공은 그냥 사라지는 법이 없다는 점, 다른 사람도 당 신과 유사한 두려움을 느낀다는 점을 기억하세요. 나쁜 일이 생기면 그때 가서 걱정합시다!

말은 이렇게 하지만 솔직히 잘 모르겠다. 노력은 하지 만, 여전히 언제 망할지 모른다는 두려움을 크게 느낀다.

성공할 마음의 준비보다 실패할 마음의 준비만 열심히 한다는 점이 미친 짓이라는 생각을 하는 동시에, 좋은 기회를 얻으면 나의 부족함만 드러나리라는 생각에 기회를 흘려보낼 핑계를 먼저 생각하기도 한다.

이것 하나만 명심하려고 한다. 내가 얻는 좋은 기회는 (미래의 퍼포먼스가 아니라) 과거의 퍼포먼스의 결과다. 과거의 내가 열심히 해서 지금의 나를 만들었고, 지금의 내가 두려워하지 않아야 미래의 내가 더 좋은 기회를 얻으리라. 현재의 내가 누군가에게 고마워해야 한다면 그것은 과거의 나다. 미래의 나여, 현재의 나에게 고마워하길.

결론부터 말하면 맥커먼은 〈에스콰이어〉로 이직했다. 아는 사람은 하나도 없었고, 업무상 점심 식사를 어떻게 해야 하는지도 몰랐고, 바에서 술을 주문하는 법조차 몰랐다. 어찌어찌 뉴욕에서의 생활이 시작되고 몇 달이 지나자, 맥커먼은 진실을 알게 된다. 그의 주변 사람들은 전부 다 사기꾼이었다. 겉으로 보기에 그 자리에 어울리는 사람처럼 보이는지가 엄청나게 중요한 요소였다.《직장살이의 기술》은 자신이 아웃사이더라는 사실을 스스로 받아들이며, 업무 관계에서 중요하게 여겨지는 사소한 것들을 다루는 기술을 보여준다. 첫 출근의 기술부터 대화의 기술, 사무실 밖 업무의 기술 등 노하우 전수가 이어진다.

타인이 인정하는 당신의 재능과 당신 자신이 확신하는 자신감 사이에 격차가 있어 고민이라면 이 책에서 꽤 큰 위안을 얻으리라. 즉, 나 자신이 확신하지 못하지만 주변에서는 알아봐주는 재능을 가진 사람들을 위해 쓰인 책이다. 저자 자신이 그랬듯이.

지금의 내가 두려워하지 않아야

미래의 내가 더 좋은 기회를 얻는다.

여자는 자신감

비수도권 지역의 고등학교에서 입시지도를 하는 선생님이, 생활기록부와 자기소개서 작성을 앞둔 학생들에 대해 말하며 "있는 것 없는 것 자랑 좀 했으면 좋겠어요"라고 했다. 사회생활을 하다 보면 자기 있는 자리에서 눈앞의 일에 충실한 정도로는 충분치 않을 때가 많다. 조용히 자기 일 열심히 하는 사람에 대해서는 누구나 함께 일하고 싶어 하지만, 특별히 대단하다고 생각하지도 않더라. 왜일까. 계속 과시해야 할까? 내가 대단한 사람이라고? 아니, 난 그렇게 대단한 사람은 아닌데? SNS를 모두가 개인 홍보 채널로 이용하면서, 어떤 사람들은 SNS를 통한 자기 홍보에 특히 능력이 좋음을 알게 되었다. 처음에는 별것 아닌 일을 부풀리는 사람들 때문에 어이가 없더니, 점점 생각이 바뀌었다. 그림 값이 세계 최고가라는 데

이비드 호크니 인스타그램 계정을 보면 그조차 온갖 해시태그를 달아놓는다. 물론 그 계정을 본인이 아닌 홍보 담당자가 운영할 가능성도 높겠지만. 데이비드 호크니도 안 떠는 우아를 내가 뭐라고?

사람의 관심을 사는 일은 그 자체로 돈이 된다. 타인의 시간과 돈을 얻는다는 건 그의 관심을 얻는다는 말인데, 지금 우리는 관심을 가질 대상은 넘쳐나는데 시간이 부족한 세계를 살고 있다. 자기 존재를 적극적으로 알리고자 하는 뛰어난 능력자도 사기꾼도 넘쳐나는 세상에서 언젠가 눈에 띄기를 기다리며 묵묵히 방망이 깎는 사람으로 늙어가겠는가? 우리는 뛰어나지만 세상의 인정을 받지 못하는 사람들을 몇쯤은 알고 있다. 우리가 그들을 아는 이유는 그들이 우리 가까이에 존재해서다(많은 사람들은 그게 자기 자신이라고 생각한다). 가까이 있지 않다면 어떻게 알겠는가? 결국 적극적으로 자랑을 하면 사람들은 거기 뭐가 있는 줄 안다. 애석하지만 그렇다.

《주목하지 않을 권리》라는 책에서는 이런 '관심을 사는' 비즈니스를 다룬다. 최초의 광고가 그랬고, 지금은

SNS가 그런 메커니즘으로 굴러간다. 싫고 좋고를 떠나 이미 그런 세상이 되었다.

<u>자매들이여, 자신감을.</u>

흥미롭게도, 많은 이들이 자기가 싫어하는 '자기과시형 사기꾼형 미치광이'처럼 되기 싫다는 이유로 자기 홍보를 열심히 하지 않는다. 자기 홍보가 아니어도 충분히 일해서 먹고 사니까 굳이 그 방식을 선택하지 않는 이들도 있다. 하지만 견실한 당신이 침착하게 '관심 비즈니스'를 손에서 내려놓으면, 그것을 '자기과시형 사기꾼형 미치광이'들이 냉큼 채간다.

근거 있는 자신감을 갖추려고 업무에서 노력하는 것은 내가 존경하는 능력자들의 가장 멋진 자질이다. 하지만 때로는 근거 없는 자신감이 필요할 때도 있다. 갖춘 것보다 못 갖춘 게 많은 시절에는 특히 그렇다. 지나치게 현실적으로 스스로를 판단하면 할 수 있는 일보다 할 수 없는 일이 더 많다. 될지 안 될지 모르고 덤비는 호기로움은 현실주의자들이 평생 갖지 못할 기회를, 터닝포인트를 만들어준다. 현실에 기반을 두고 돌다리를 두드

려보고 돌다리를 건설하면서 돌다리 전문가가 될 수도 있지만, 허술해 보이는 다리라 해도 냅다 뛰어가다가 이전에 상상도 못 했던 삶을 사는 사람들도 있다. 다리가 무너져 물에 휩쓸려 떠내려가다 구사일생으로 목숨을 건진 그곳에서.

그러니까 우리가 갖춰야 할 것은 신체 건강함과 쉽게 지지 않는 마음, 그리고 자신감이다. 호랑이 굴에서 정신만 차린다고 살아남을 순 없으니, 필요한 생존기술은 열심히 갖추되, 냅다 "죽었다"고는 하지 말자. 나는 지금 힘들고 지쳐 있을 때 내가 들은 가장 뜬금없고 비현실적이었지만 힘을 준 조언들을 떠올리는 중이다. 대면하고 지내는 사람들로부터의 인정이 박하다고 실망할 일이 아니며, 직접 알지 못하는 사람들로부터의 인정이 나를 키울 거라는 말. 아마 당신이 이 책을 읽고 있는 것 자체가 그 말이 이루어졌다는 뜻이리라. 성공을 확신하고 이루어지는 도전은 없다. 현실주의자들이여, 현실을 단단하게 다지는 노력을 멈추지 않는 매일의 노동과 더불어 가끔은 근거 없는 자신감을 끼고 도전하자.

첫 입사, 큰 회사가 좋은가 작은 회사가 좋은가

우리 모두 알고 있다. 이런 고민은 하나마나다. 대체로 우리는 성적순으로 대학에 가고 합격 순으로 입사를 결정한다. 큰 회사에 입사가 결정됐는데 굳이 뱀의 머리가 되려고 하는 사람을 본 적은 없다. 하지만 고만고만해 보이지만 아주 미세하게 규모 면에서 갈리거나, '당장 입사 vs 다음 기회 노리기' 사이에서 고민하는 사람이 있으리라. 그런 분들을 위한 가이드다. 어떤 경우에도 일반화할 수는 없음을 먼저 강조하고 다음 이야기를 하자면 이렇다.

첫 회사는 가능하면 큰 회사가 좋다고는 생각한다. 많은 경우 첫 월급의 수준이 이후 월급의 수준을 결정한다. 그렇게 생각하면 좋은 회사에서, 연봉 높은 회사에서 시작하면 이후에 옮길 곳 없지 않나 걱정할지도 모르겠으나, 아직 오지도 않은 이직 제안까지 걱정할 필요는 없다.

게다가 이직의 이유는 연봉 한 가지만이 아니다.

첫 직장은 모든 것의 기준이 된다. 가족과의 관계가 평생의 인간관계의 기준점이 되는 것처럼. 가족과 잘 못 지내는 사람은 이후 사람들과 사귈 때 친구든 연인이든 시행착오를 오래 거치게 되는데, 직장생활은 성인이 된 뒤에 시작하지만 그럼에도 처음 하는 일과 사람 문화의 기준점이 되기는 매한가지다. 퇴직금이 연봉에 포함되어 있는가? 회식에 불참해도 되는가? 보건휴가는 유급인가 무급인가, 그리고 눈치 보지 않고 쓸 수 있는가? 내 고등학교, 대학교 동창이 입사한 무역회사는 달력과 전화기의 위치를 옮기면 혼나는 분위기였다고 한다. 회사 상사에게 적당히 존대와 반말을 섞어 써도 되는 분위기의 회사가 있는가 하면, 엄격하게 직책으로만 부르게 하는 회사도 있다. 팀 회식으로 술을 마셔야만 한다는 회사가 있는가 하면 점심 식사로 대체하는 문화인 곳도 있고. 정답이 있는 게 아니기 때문에 처음 경험한 곳을 기준으로 생각하는 사람이 많은데, 첫 회사가 작은 회사라면 그 규율이 직속상관의 개인적인 경향으로 정해지는 일이 많다.

게다가 문제가 생겨도 다른 팀으로 발령받을 여지가 없을 때도 있다.

내가 아는 어떤 작은 회사는 남자 둘이 창업한 회사였다. 그러다 실무를 할 직원을 뽑았는데, 자기 딴에는 '나 정도면 진보적이고 깨인 남자'라고 생각하는 두 중년 남성 사이에서 20대 여자 직원은 미칠 지경이라고 하소연했다. 나쁜 사람들은 아닌데 뭐 그렇게 괜찮지도 않다고, 그런데 자기 정도면 괜찮다는 말을 본인 입으로 한다고 한다. "그냥 아저씨들이거든요." 그러니까, 성희롱을 하지 않고 월급을 제때 준다는 정도로 자랑스러워했다는 얘기였는데, 그건 괜찮은 게 아니고 그냥 정상이다. "그냥 아저씨들이거든요." 그 말을 몇 번을 들었는지.

하지만 작은 회사의 장점도 있다. 큰 회사에서는 자기가 속한 부서의 일을 협소하게 경험하지만 작은 회사에서는 모든 일을 다 해야 한다. 그 업계의 상황에 대해서도 조금 낮은 위치에서부터 파악이 가능하다. 그리고 연봉을 비롯한 근무조건이 평균 이상이기는 쉽지 않기 때문에 오히려 적극적으로 퇴직이든 이직이든 결정이 가능하다. 앞서 말한 경우처럼 작은 회사 사주는 월급을 제때 주고 직원을 사주의 개인행사에 동원하지 않는 '평균' 정도 수준이면 '이 정도면 좋다'고 자만하는 경향이 있다. 마치 바람 안 피고 아내 안 때리는 정도로 '나 정도면 괜찮은 남자'라고 자부하는 남편들처럼 말이다. 그리고 이혼보다는 퇴사가 쉬운 법이다.

큰 회사는 높은 급여, 평균 이상의 근무 환경, 복지, 승진의 기회 등이 장점이다. 52시간 근무 제도를 비롯해 노동환경 개선의 혜택을 가장 먼저 받는 경향도 있다. 하지만 오히려 사람이 많기 때문에 문제도 다양하게 발생하고, 그 폭탄은 해고되기도 하지만 많은 경우 부서를 돌고 돈다. 그럼에도 불구하고 큰 회사는 어쨌든 큰 크기의 경험과 큰 크기의 똥, 그리고 큰 가능성을 제공한다.

내가 생각하는 큰 회사부터 다니는 것의 약점이라면 안주하기 쉽다는 점이다. 모든 게 적당히 좋으면 굳이 모험하고 싶지 않아진다. 그래서 큰 회사들, 정년이 보장된 공무원이나 공기업을 보면 깜짝 놀랄 정도로 '한때는 총명했지만 이제는 분리수거도 안 되는' 유형의 사람들이 자주 보인다. 능력 있는 사람은 시범사업에 동원되었다가 사업부문이 물갈이되거나 폐지되면서 쓸려 나가는데, 아무도 원하지 않는 사람은 한직을 전전하다가 높은 자리에 앉는다. 그런 사람들이 너무 싫지만 그런 사람들도 멀쩡히 다니는 회사를 내가 왜 나가야 하나! 이런 생각으로 다들 그냥 서로를 싫어하는 채로 뭉개는 것이다. 버리기는 아까우니까. 옮기기는 귀찮으니까.

우리는 용의 꼬리나 뱀의 머리를 고민하지만 현실은 이름 모를 파충류의 군살 정도의 인생을 산다. 그래도 이 한 가지는 명심하자. 영 아니다 싶은 직장을 우기고 다닐 이유가 없고, 포기는 빠를수록 좋지만, 그럼에도 불구하고 '빠른 포기'가 패턴이 되면 곤란하다. 문제 해결을 오로지 '퇴직'으로만 하면, 특히나 자신의 기획을 자기가 수거하지 않고 그만두기를 반복하면, 정말이지 업계 내 신뢰도란 바닥을 모르고 추락하게 되어 있다. 나는 좋은 기획을 갖고 있는 젊은 여성분과 일을 도모한 적이 있다. 첫 번째 계약에서 그분이 일 완성 7할쯤의 지점에서 사직하는 바람에 이후 굉장히 불쾌한 상황에서 (일에 대한 이해도가 전혀 없는) 다른 이들과 일을 마무리해야 했다. 그분이 다음 회사로 옮기고 다시 연락했을 때, 앞선 퇴직에도 사정이 있겠지 생각해 다시 믿고 일을 진행했고, 얼마 지나지 않아 그분이 다시 퇴직을 한다는 연락이 왔다. 그분이 앞으로 어디서 뭘 하실지는 모르겠지만 다시는 아무것도 같이 할 생각이 없다. 그분은 퇴직하면 그만이었겠지만, 나는 그 뒷수습을 해야 하니까.

+

고등학생들 진학 지도를 하는 선생님들, 자녀 진로 문제로 고민하는 친구들을 만날 때면 이상적인 인간관계고 뭐고 무슨 직업이 10년 뒤, 20년 뒤에 남아 있을지조차 알 수 없어 고민이라는 말을 듣는다. 어쩌면 우리에게 필요한 것은 이상적인 직장이 아니라 직장 그 자체일지도 모르겠다. 샌프란시스코의 테크 기업에 다니는 분들을 만나면서, 이 직업들이 내가 중학교 다니던 때, 고등학교 다니던 때는 존재하지 않았음을 깨닫고 아연해졌다. 이 와중에 인간은 100살까지 산다고 한다.

이직할 때 꼭 챙겨야 할 것들

회사를 다니면서 포트폴리오와 이력서 업데이트는 꾸준히 하는 편이 좋다. 연말연초에 (지키지도 않을) 새해 계획을 세워보는 일만큼 한 번쯤 하고 넘어가면 좋은 일은, '내가 올해 한 일'을 포트폴리오와 이력서에 업데이트하는 것이다. 경력사항을 남에게 보여주기 좋게 정리한다는 의미도 있지만, 한 해가 가고 새해를 맞이하는 시기에 한탄과 우울 대신 "올해 바쁘게 산 보람이 있군" 하고 스스로를 다독이는 측면에서도 도움이 된다.

이직은 크게 두 부류가 있다. 회사 옮기기, 업종 바꾸기. 목표로 한 회사나 업계에서 어렵사리 일을 시작하고 보니 비전이 없어서 아예 다른 업계에서 다른 직군의 일을 구하려는 사람들도 많이 보인다. 직장생활이라는 건 놀랍지 않게도 경험하기 전에 밖에서 보고는 다 알기 어려운 부분이 많다. 회사의 인간들은 언제나 큰 변수다. 직장인들의 잠언. "일 많은 건 하면 되는데 인간들 짜증나는 건 도저히 못 해먹겠어." 결과를 정확히 예측하기란 불가능하다. 이직할 때 그 회사가 잘 맞을지, 그 일을 잘할 수 있을지 확신을 갖고 움직이고 싶지만 그런 일은 벌어지지 않는다. 나의 이직 경험은 전부 회사를 옮긴 케이스였는데, '결과적으로' 잘한 선택이었다고 생각하지만 그때 당시에는… 갑자기 눈물이….

    예를 들면 이런 것이다. 내가 이직한 회사들 중에는 결국 폐업한 곳들이 있다. 처음 이직했을 때는 그 회사가 망해도 상관없다고 생각했는데, 정작 망하고 나자 그때의 패기가 어찌나 가당찮은 것이었는지 실감했다. 그럼에도 불구하고 그때 알게 된 사람들이 이후 몇 년간 나의 커리어의 중요한 부분을 차지하는 기회를 만들어주었으니, 길게 보면 남는 장사를 한 셈이다. 리스크를 줄여보려는 생각으로 대표가 준재벌이나 재벌 2세인 회사를 선택한 적도 있었으나 내가 배운 것은 돈이 많은 사람이라고 해서 적자를 감수하는 사람은 세상에 없다는 만고불변의 진리였다.

　내가 거절한 좋은 제안들도 있었다. 대기업으로 옮기라는 제안은 당시 직장 상사의 조언을 듣고 거절했는데, 조언의 내용인즉 업계와 업종을 모두 바꿔 새로 커리어를 쌓아야 하는 상황은 이미 경력을 착실히 쌓는 나에게는 얻는 것보다 잃는 게 많은 장사라는 말이었다. 그때 옮겼어도 나는 매우 잘했으리라 생각하지만 옮기지 않고도 잘하고 있으니 '만약'을 굳이 떠올리지 않는다. 업계와 업종을 모두 바꿀 수 있는 기회는 한 번 더 있었다. 그때는 아예 내 팀을 꾸릴 수 있는 기회였는데, 그때도 거절했다. 결과적으로 내가 하는 일의 영역이 원치 않는 방식으로 축소되리라고 여겨서였다. 게다가 월급은 오른다지만 출퇴근에 걸리는 시간이 세 배 정도 늘어나는 상황이었다. 어쩌면 이사까지 고려해야 할 정도로.

　이직할 때 고려할 사항은 첫째 급여, 둘째 근무 환경이다. 급여가 두 배 이상 오르는 경우라면 다른 조건은 거의 고려할 필요도 없다고 보지만, 어떤 직종은 근무 환경이라는 변수가 매우 크다. 예를 들어 의사, 변호사와 같은 전문직은 수도권이 아니라 다른 대도시에서 자리 잡으면 더 좋은 급여를 받게 된다. 간호사의 경우도, 안과나 치과, 성형외과의 경우 서울 출신의 큰 병원 경력이 있는 간호사는 타 지역에서 월급을 더 높게 받는 경우를 본 적이 있다. 수도권에 비교하면 한국 어느 도시도 생활비가 더 비싸지 않기 때문에, 전세 살던 사람이 집을 살 수도 있고, 돈은 더 안정적으로 벌 수도 있게 된다. 하지만 단순히 돈만 보고 이주 계획을 세우는 사람은 보지 못했다. 자녀 교육 문제가 있다면 더 말할 것도 없고. 해외 근무, 장기 해외 출장이 많은 자리로의 이직도 유사하다. 집을 사면서 대출받은 돈을 빨리 갚고 싶어서 아예 해외 근무, 장기 해외 출장이 많은 회사나 팀으로 옮기는 사람들은 돈을 거저 버는 게 아니라는 사실을 몸으로 체득한다.

뿐만 아니라 두 배까지는 아니어도 약간의 급여 상승이 이직의 가장 큰 원인이라면, 당신은 지금 받는 총 급여와 새 회사에서의 총 급여를 계산해봐야 한다. 퇴직금이 연봉에 포함된 계산인지, 급여 외 수당은 무엇이 있으며 총액이 얼마인지, 복지를 위한 혜택은 무엇이 있는지 등이다. 연봉 액수로는 오르는데, 막상 계산기를 두들겨보면 실수령액 기준으로 월급이 깎이는데 그걸 이직한 이후에야 알고 땅을 치고 통장을 치는 일도 있다.

나는 처음 직장생활을 시작한 때부터 프리랜서로 일할 가능성을 염두에 두고 일부러 신생 회사로 이직도 해보고 회사 밖의 일을 여러 가지 경험하려고 노력했는데, 그 결과 얻은 것은 커리어고 잃은 것은 건강이다. (묵념)

이직할 때, 가능하면 빨리 경험해보라고 하고 싶은 것이 있다면, '규모가 더 큰 회사'로 옮길 기회가 생기면 모험을 해보라는 말이다. 조직이 크면 하는 일만 하게 될 수도 있지만, 오히려 처음 예상과 다른 뜻밖의 계통으로 커리어를 바꾸는 일도 가능하더라. 그리고 큰 회사는 대체로 처음 예상한 것보다 어떤 식으로든 보상이 더 많이 주어지는 편이다. 큰 조직에서의 생활이 안 맞을 수도 있지만 그건 경험한 다음에 생각할 일이며, 큰 회사에 있었던 사람은 그 다음 직장을 찾기가 더 수월한 편이다. 특히 30대 초반에 경력 3년에서 5년 차라면, 가장 옮기기 좋을 때라는 점을 염두에 두고 적극적으로 탐색해보는 것도 좋다.

업종을 아예 바꾸고자 한다면, 당연히 관련한 공부부터 하는 편이 좋다. 대학, 대학원 진학이 좋은 점은 가서 관련된 학문을 하는 사람들을 만나보면 굳이 옮겨보지 않고도 그 업계 상황을 어렴풋이 짐작할 수 있다는 데 있다. 그렇게 알게 된 사람들이 일자리를 얻어주기도 하고. 한국식으로 말해 이과와 문과를 넘나드는 이직, 혹은 일의 범주가 크게 다른 이직을 한다면 경력을 일정 부분 깎고 옮기는 경우가 많을 수밖에 없는데, 그런 결정을 할 때는 그야말로 네트워킹이 필요하다. 현업에 있는 사람들을 어떻게든 만나봐야 한다. 업계 사람이 하는 강연 프로그램에 참여해 질문을 하고 모인 사람들과 대화해보는 것은 당연히 도움이 된다. 어떤 일이든 어떤 회사든 생각하는 것과 막상 일하는 것 사이에는 태평양만큼의 간극이 있다. 일하고 있는 사람들을 만나보시길. 그리고 대체로 모든 현업인들은 자신의 미래가 불안정하며 회사도 엉망이라는 등의 하소연을 언제나 하기 마련인데, 그럴 때 구체적인 사례가 있는 게 아니라면 적당히 흘려들으면 된다.

이직이 도움이 되지만 마음같이 안 될 때

첫 직장의 급여 수준은 평생의 급여 수준을 좌우하곤 한다. 같은 경력이어도, 이직을 통해 경력 입사한 경우 더 높게 연봉이 책정되는 일을 자주 본다.

이직의 좋은 점 또 한 가지는 첫 회사에서 '신입' 기간을 오래 보낸 사람들은 경력이 쌓이고 일을 잘해도 그 회사 상사들 눈에 영원히 '일 못하는 신입사원' 정도로 찍혀 있을 때 '이미지 세탁'을 할 수 있다는 뜻이다. 사석에서 우스갯소리로 신입사원 시절 이야기가 도마에 오르는 거야 별수 없지만, 일 자체의 퍼포먼스가 낮게 평가되는 경향으로까지 이어진다면 이직이 도움이 된다.

문제는 여성들의 이직은 나이와 '실제로' 연관이 있다는 데 있다. 내가 가장 이직 제안을 많이 받았던 때는 27살 때부터 37살 때까지였는데, 그 이후로는 급격히 줄어들었다. 40살을 넘긴 여성은 새로운 조직에서 적응하지 못한다는 과학적 연구 결과가 어딘가에 있는 모양이다. 언젠가는 내가 나이에 비해 경력이 너무 많다며 경력을 깎고라도 이직할 의향이 있는지 질문받기도 했다. (대답은 '아니오'였다.) 왜 같은 나이의 남자와 달리 여자는 이직이 불가능한가? 승진 형식의 스카우트가 왜 여성 경력자에게 잘 일어나지 않는가? 경력을 키우고 싶은 사람들도 경력이 단절되는 나이가 존재한다는 현실은 한심할 정도로 개선이 더디다. 입사자 성비와 임원진 성비가 사회의 인구 성비와 비슷해지는 날이 오긴 할까? 그런 날이 오게 만들자고 생각하며, 이 글을 쓰고 있다.

입사자 성비와 임원진

성비가 사회의 인구

성비와 비슷해지는 날이

오긴 할까?

직장인 vs 프리랜서

직장인들은 프리랜서가 일하고 싶을 때만 일하는 사람인 줄 안다. 프리랜서는 직장인이 놀아도 월급 받는 사람인 줄 안다. 저런 말이 오가는 걸 정말 많이 듣게 되는데, 나는 놀면서 월급 받는 여자를 본 적이 없고(생각해보니 나이 든 남자 중에는 그런 경우가 있기는 했다), 일하고 싶을 때만 일하는 프리랜서는 본 적이 없다. 직장인은 놀아도 월급을 받는다느니, 프리랜서는 일하고 싶을 때만 일한다느니 하는 말은 자기 신세한탄 하려다 남 깎아내리는 말일 뿐이다.

하지만 저 말에도 일말의 진실이 있다. 직장인은 매달 일정한 날에 월급을 받으며, 프리랜서는 출근을 하지 않고도 일할 수 있다. 내가 아는 사람들 중에는 나에게 회사를 당장 그만두라며 자신의 성공한 프리랜서로서의 삶을 전도하는 긍정 인간이 있는가 하면, 하루라도 더 회사 월급 받고 살라고 단호하게 충고하는 실속형 인간도 있다. 회사를 떠나 그야말로 대박이 난다면 하루라도 빨리 떠나는 편이 좋을 테고, 그 반대라면 하루라도 더 머무는 편이 좋을 텐데 인생은 언제나 예측불허.

직장인과 프리랜서에 대한 대단한 조언을 할 것은 없고, 하고 싶은 말은 이 하나다.

고생은 자기만 한다는 생각은 제발 버려.

✛

하고 싶은 이야기의 최소한 절반은 마음속으로 흘려보내는 편이 좋다. 살다 보면 신중한 줄 알았던 사람이 그냥 말수가 적어서 그렇게 보였을 뿐이고 속 빈 강정임을 뒤늦게 알게 되기도 하는데, 이것이 주는 교훈은 바로, 말수가 적으면 중간 '이상'은 간다이다. 세상만사에 대한 당신의 생각을 우리가 다 알 필요는 없답니다.

남의 인생은 순탄해 보인다

"나는 우울증을 관리하며 살아가고 있다. 우울증 관리는 여느 질환 관리와 비슷하다. 스트레스 받지 않고, 잘 자고 잘 먹고, 꾸준히 운동하는 것. 그리고 증상이 심해지면 전문가를 만나는 것. 이 빤한 원칙을 지키는 것은 상당히 재미없고 귀찮은 일이다."

서밤, 블블, 봄봄 세 분이 함께 쓴 《마음의 구석》에 실린 서밤 님의 '우울증, 관리하며 살아가고 있습니다' 중 일부인데, 요즘 나도 이 문제로 좀 생각이 많다. 잘 사는 것처럼 보이는 많은 사람들은 완전한 게 아니라 문제들을 잘 돌보고 있을 뿐인 경우가 많다. 두려움을 안고서.

어떤 문제를 겪고 있다며 상담을 요청하는 사람에게 이렇게 해보면 어떻겠느냐고 제안하면서도 사실 그 제안이 받아들여질지는 확신하지 못한다. 사람들은 조언을 구하는 척하지만 자기 생각을 확인해주는 답을 원한다. 원하는 답을 해주는 점쟁이가 나타날 때까지 점을 보러 다니는 사람을 본 적이 있다. 그야말로 운명을 자기 돈으로 만드는 사람인 셈이다.

내 답을 받아들이든 무시하든 그건 상관없다. 다만 내가 힘들어하는 유형은, "그건 그러저러한 경우니까 가능한 얘기잖아요, 저는…"이라며 남이 잘한 건 그 사람이 운이 좋아서(집안이 좋아서, 부모님이 건강해서, 직장이 좋아서, 성격이 긍정적이어서, 고양이가 있어서 등의 이야기를 실제로 들어봤다)라고 말해버리는 사람이다. 어떤 경우를 말해도 그 사람은 그 사람이라 되고 자기는 안 된다는 식이다. 그러면 백약이 무효하다. 결국은, 자기의 불운을 이해해달라는 이야기를 아주 길게 돌아 돌아 하는 셈이다. 불행하지만 아무것도 바꾸고 싶지 않고, 그럼에도 내 얘기를 들어줄 사람이 필요하다는 식이다. 그런데 그런 말을 하는 사람을 내 입장에서 보면, 충분히 가진 게 많아 보인다. 젊어서, 건강해서, 사람들의 호감을 쉽게 얻어서, 머리가 좋아서, 하는 일을 서포트해주는 가족이 있어서. 자기가 가진 건 원래 있는 거라고 치고 남에게 있는 좋아 보이는 것들을 부러워한다. 그게 자기가 누운 핑계의 무덤이다. 나는 주변 사람에게 쉽게 영향을 받기 때문에 부정적인 감정을 강화하는 사람하고 한나절 보내면 일주일이 힘들어진다. 게다가, 저런 사람은 다른 이들이 모두 각자의 어려움을 안고 있으며 그럼에도 불구하고 노력하는 중이라는 사실을 무시하는 중이다. 아마 내가 노력해서 얻은 것에 대해서도 그렇게 무시하고 있겠지.

《마음의 구석》에서 서밤 작가는 우울증을 관리하는 법으로 이런 것들을 말한다. 스트레스 받지 않기, 잘 자고 잘 먹기, 꾸준히 운동하기, 증상이 심해지면 전문가를 만나기. 내가 생각하는 향상심은 이런 것이다. 우울증이 없어야 한다고 생각하는 대신, 무엇이든 그러저러한 자신을 받아들이고 그런 자신을 잘 달래가며 살아가는 방법을 터득하는 것.

나는 최근 몇 년간은 술을 한 달에 세 번 이상 마시지 않는다. 사실 아예 안 마시는 때가 훨씬 많다. 부정적인 인간관계는 가능한 줄이거나 끊는다. 수면 시간은 하루 최저 6시간은 확보한다. 나라는 인간의 최저한도를 지킬 수 있는 몇 가지 생활습관이 나에게도 있다. 그것은 나의 매일의 과제고, 타인에게는 별것 아니지만 내게는 무척 소중한 것들이다. 내게 평정심이라는 게 있어 보인다면, 그것을 유지하기 위해 얼마나 열심히 노력하고 있는지 알아주는 사람들이 좋다. 그것을 존중하는 사람들을 원한다. 나 역시 그들을 그런 존경과 존중으로 대한다. "넌 원래 그렇잖아"라는 말을 마흔 넘어서까지 하는 사람들은, 글쎄, 정말 무신경하고도 재미없다.

우울증이 없어야 한다고 생각하는 대신,

그러저러한 자신을 받아들이고 잘 달래며

살기.

휴가 사용법

내가 처음 직장인이 된 뒤 쓴 여름휴가는 주말을 포함해 5일이었다. 그 5일을 무리해서 여행을 다녀왔는데, 나는 그때 휴가를 위해서라면 회사를 참을 수 있다고 마음먹었다. 나는 여행을 좋아하니까. 만일 여행을 좋아하지 않는다면 굳이 갈 필요는 없다. 휴가에 뭘 해야 하는지, 남의 눈치를 보거나 다른 사람들을 둘러볼 필요는 없다. 휴가는 당신의 시간이다. 어차피 복귀 후 첫 출근길에 사라지는 느긋함인데, 휴가 기간이라도 느긋하게 보내라. 〈하버드 비즈니스 리뷰〉 2019년 5~6월호를 보면 휴가가 아니라 해도 주말을 휴가처럼 생각하고 보내는 것만으로 행복도가 높아진다고 한다. 이렇게 주말을 보낸 사람들은 행동방식이 약간 달랐다는데, 집안일이나 업무를 더 적게 하고, 파트너보다 침대에서 더 오랜 시간을 보냈단다. 어이어이, 이것은 남자들을 중심으로 한 연구인가? 이 연구에서는 여자 참가자들의 사례도 당연히 소개한다. 아침 식사 준비를 똑같이 한 두 사람을 비교하면, 휴가를 연상하며 그 과정을 즐긴 사람이 더 행복감을 느꼈단다. 아니, 이봐요. 조금 전까지 파트너보다 더 침대에 오래 있던 사람이 행복하다고 하고 왜 여성 참가자임을 밝힐 때는 가족을 위한 아침 식사를 준비하는 건데?

알렉스 수정 김 방의 《일만 하지 않습니다》는 일의 성과가 '일을 하지 않는 시간'에 결정된다고 주장한다. 매 분기별로 일주일씩 쉬라는, 그야말로 한국 조직에 맞지 않는 조언도 있지만, '심층놀이를 즐겨라'라는 제안은 새겨들을 만하다. 심층놀이는 "일에 심리적인 보상을 제공해주면서도 일과는 전혀 다른 활동 즉, 일을 침해하지 않는 취미"로서, 암벽 등반이나 등산이 그에 해당한다. 운동도 중요하다. 수면도. 이 책의 가장 중요한 조언은, 휴식 시간을 따로 만들어서 진지하게 지켜야 한다는 데 있다. 휴가 역시 그렇다.

내가 아는 유일한 휴가 사용법은 걱정하기를 멈추는

것뿐이다. 과거와 미래는 걷어내고, 현재에 집중한다. 오늘의 일용할 양식과 오늘의 하늘, 오늘의 바람과 오늘의 인간관계에. 휴가는 돈을 벌기를 그만두고 시간을 얻는 좋은 방법이다. 그리고 시간은, 돈이다.

딸의 돈 관리

길게 말할 생각은 없다. 당신이 얼마를 버는지 잔고가 얼마인지 가족과 공유할 필요는 전혀 없다. 나의 어머니와 외할머니는 두 분 다 일을 오래 하셨다. 외할아버지가 일찍 돌아가셨기 때문에 두 분이 생계를 해결하면서 서로 의지하고 수입을 공개하며 함께 지낸 시간이 길었다. 그래서 나에게도 수입을 알려달라고 줄기차게 요구했다. 처음에는 액수가 너무 적어서 공개하지 않았다. 버는 돈이 적으면 아무것도 하지 말고 돈을 모으라는 잔소리가 이어질 테니까. 버는 돈이 늘면서도 공개하지 않았다. 점점 집에 들어가는 돈이 안 그래도 늘고 있었으니까. 그리고 내 수입은 내 사생활이다. 결혼해서 경제공동체를 이루는 경우는 또 다르지만, 어쨌든 당신이 얼마를 가지고 있으며 얼마를 벌고 있는지 굳이 알릴 필요는 없다. 가족의 생활을 책임져야 한다 해도 마찬가지다. (나는 가족 생계를 책임졌던 고통스러운 기간에도 내 수입을 공유하지 않았다.) 여기에는 여러 이유가 있다. 수많은 부모들은 딸 돈을 아들 돈보다 더 쉽게 빌려 쓴다. 그리고 갚지 않는다. 딸이 돈을 잘 벌면 돈 관리를 대신 해준다고 나선 뒤 수수께끼의 사업을 벌이는 가족이 얼마나 많은지. 그런데 돈을 적게 벌어도 마찬가지다. "여자애가 돈 쓸 데가 어디 있다고 그래." 이게 딸 돈이 아들 돈보다 더 쉬워 보이는 이유다. 딸이 돈을 펑펑 쓰는 것 같아 보일 때는 허튼 데 돈 쓰지 말고 결혼 자금을 모으라고 하다가, 집에 돈이 필요하면 딸 돈부터 헐어 쓰면서 "어차피 네 신랑이 집은 해올 테니까" 같은 소리를 한다. 이게 무슨 말인가. 부모님이 딸 결혼 자금과 아들 결혼 자금의 액수를 다르게 잡는다는 뜻이다. 나의 존재하지도 않는 신랑네 집은 어떨지 모르지만 여기 존재하는 나의 부모는 아들에게는 (자가든 전세든) 집 마련의 기회를, 딸에게는 아마도 혼수 마련의 기회를 줄 가능성이 높다. 많은 경우 이것은 0의 개수가 다른 게임이다.

이렇게 말하면, 너무 매몰차다고, 부모님이 키워주신 은혜를 생각하라는 말이 돌아온다. 가족을 위해 돈을 쓰지 말라는 뜻이 아니다. 가족에게 애정을 표시하는 방식으로 돈을 쓰는 것과 가족에게 내 통장을 오픈하는 것은 다른 얘기다. 왜 딸 적금 만기일이면 집에 목돈이 들어가는지. 난 잘 모르겠다. 우연일 수도 있겠지. 그게 우연인지 아닌지, 한번 조용히 있어보자는 말이다. 요즘은 딸 아들 구분 않고 하나만 낳는 집도 많고, 자녀가 대학에 갈 즈음에 부모가 이미 환갑쯤 되는 집도 많다. 이런 집들은 딸이고 아들이고 할 것 없이 성년이 되기 전부터 세상 모든 고민을 끌어안고 살게 된다. 하지만 "나이 드니까 아들보다 딸이 더 좋다"고 할 때, 마음이 몹시 불편해진단 말이지. 딸이 왜 더 좋을까? 답은 다들 알고 있다. 일반적으로 아들보다 병간호에 헌신적이니까. 아들보다 더 부모 상대를 잘해주니까. 이것은 병원 다인실 생활을 해보면 금방 알게 된다. 근데 그건 좋아서 좋은 게 아니라 이유가 있어서, 쓸모가 있어서 좋다는 말이잖아요?

　　물론, 월급은 100% 저축하게 하고 용돈 쓰라고 부모

카드를 주는 집안이라면 이런 걱정은 할 필요도 없다. 그런 집은 자녀가 아무리 열심히 벌어도 부모 소득을 못 따라가는 데다가, 때 되면 집 사주고 부동산 증여도 해주니까. 하지만 그렇지 않은 많은 이들은 가족에 대한 믿음으로 수입을 공개하면 나중에 걷잡을 수 없어진다.

나는 가족을 위해 쓰는 돈을 아껴본 적은 없다. 아끼고 자시고 할 것도 없었다. 펑펑 낭비할 정도로 많은 돈을 벌지도 못했으니까. 내가 할 수 있는 만큼 해드렸다는 게, 하고 있다는 게 내가 나 자신을 좋아하는 부분이다. 사회생활을 하며 집에 기대지 않는 나를 가족이 자랑스러워했다는 사실도 알고 있다. 내가 얼마 버는지 알아야만, 가족이 나를 자랑스럽게 여기고 대견해하는 건 아니라는 걸 믿고, 절대 말하지 않았다. 수입이 아무리 적어도 아무리 많아도 그건 내 돈이다. 내가 가족의 수입을 물은 적 없는 것과 마찬가지로.

+

내 돈을 가족과 공유하면서 얻는 사랑받고 인정받는 기분보다 내 통장에 찍힌 숫자를 사랑하는 법을 얼른 익히자. 늦었다고 생각할 때가 빠른 때다. 적게 벌어도 적은 돈을 모아도, 없는 것보다는 언제나 낫다. 그리고 종잣돈이 모여야 재테크든, 주택 구입이든, 유학이든 가능해진다.

분노해야 할 때 분노하며, 나의
분노를 '여자의 징징거림'으로
치부하는 인식에 저항하기.

다른 것은 다른 것

불쾌함은 불안함과 다르다.

우울과 피곤은 다르다.

모르는 것과 어려운 것은 다르다.

분노와 응석은 다르다.

배고픔과 외로움은 다르다.

이런 '다른' 것들을 구분해내지 못하면 쉬어야 할 때 화부터 내고, 불안하지 않아도 될 일에 불안을 느껴 힘들어지며, 자료를 찾고 생각을 해야 할 때 상대의 지식을 깔아뭉개려 든다. 내가 경험하는 갑작스러운 감정이 있다면 그게 뭔지를 정확히 파악해야 한다. 분노해야 할 때는 분노해야 하며, 나의 분노를 '여자의 징징거림'으로 치부하는 사람이 있다면 그런 인식에도 저항해야 한다. 오후에 지쳐서 만사가 귀찮을 때 고작 물 한 잔 마시고 '그게 갈증 때문이었구나' 할 때도 있고, 쇼핑을 하고도 해소되지 않는 지루함과 산만함을 경험하고 '그냥 산책이나 할걸' 하고 후회할 때도 있다. 좋은 것을 좋은 것으로 경험하고, 문제를 제대로 해결하기 위해서는 이런 비슷해 보이지만 다른 감정들을 구분해야 한다. 그것은 나라는 인간의 몸과 마음을 이해하는 일과도 관련이 있다.

구분할 것을 구분하자. 내가 분명하게 생각하지 않으면 남의 프레임에 말려 내 감정조차 헷갈리곤 한다.

+

남의 프레임에 밀려 잘못 판단하는 대표적인 사례가 "외로워서 그래"이다. 나는 이게 실제 많은 문제들의 원인이라고 생각한다. 내가 본 숱한 기기묘묘한 행동은 그 사람의 외로움이 원인이었다. 하지만 외로움을 해결하기 위해 "연애를 해라"(유사품으로 "결혼을 해라" "애를 낳으면 된다"가 있다)라는 조언은 무책임하기 짝이 없다. 나자신의 필요를 따지고 과거와 미래를 살피는 일을 통해 개선해나갈 삶의 부분을, 연애감정을 느끼는 타자로 해결하려고 하지 말자.

일중독자의 최후

일중독자는 어떤 사람인가 하면 모든 계란을 바구니 하나에 넣어 다니는 사람이다. 분산투자는 재테크에만 쓰이는 개념이 아니다. 정신 건강을 위한 인생 설계에도 필요한 덕목이다. 워라밸이라는 말은 그래서 중요하다. 일외의 삶이 존재해야 한다. 일이 망가져도 당신의 삶은 존재해야 하니까.

일을 열심히 해야 궤도에 오르는데, 스스로는 궤도에 올랐다는 느낌이 전혀 없고, 어느 순간 사생활 영역은 엉망이 되어 있다. 혼자 사는 사람은 이 문제가 특히 심하다. 나이가 들면 커리어가 궤도에 오를 줄 알았더니 나이들었다는 불안감(언제까지 일할 수 있을지 모른다는 불안감)이 커져서 잠도 잘 못 잔다. 아, 알고 보니 수면장애는 노화의 일 중 하나라나. 과로로 인해 건강은 이미 망가

졌는데 새로 운동을 하려니 그도 만만찮고.

가족과 함께 사는 사람은 가족과의 관계가 엉망이 되어버리는 일도 흔하다. 스스로는 일중독이랍시고 외도하는 사람들도 많이 봤는데, 그렇게 살지 마라.

경험상 '워라밸'을 하는 가장 좋은 방법 중 하나는 정기적으로 병원에 다니며 검진을 제때 받는 것이다. 과로하지 않고 앉아서 나이만 먹어도 병원에서는 어쩌고저쩌고 한다. 여성들의 경우 산부인과 검진을 빼놓지 않으면 좋겠다. (이렇게 말하는 나 역시 산부인과 진료의 두려움과 불쾌함, 고통 때문에 가지 않으려고 안간힘을 썼다.) 문제가 발견되었다 해도, 그 역시 많은 여성들이 겪는 일이다. 자궁, 난소 관련 수술을 받을 때, 아무도 모르게 하려고, 혹은 별거 아니라는 점을 알리고 싶어서 병원에서 말하는 날짜보다 짧게 쉬는 사람들이 정말 많다. 병원에서 쉬어야 한다는 만큼 쉬고 출근해도 된다. 몸이 아프면 일은 없다.

또 하나는, '일 바깥'의 인간관계를 일정 정도 유지하도록 노력하는 것이다. 일로 알고 지낸 사람들과의 화제는 일을 중심으로 흐른다. "어떻게 지내?"라는 질문은 "요즘 회사는 어때?" "요즘 일은 어때?"와 동의어다. 일이 안 풀리면 이 사람들과 만나기가 어려워진다. 뭐라는 말을 들어서가 아니라 스스로가 힘들어서 만나기 싫어진다. 사교는 사교이고, 놀이는 놀이, 휴식은 휴식이다. <u>점심은 언제나 업무 관련성을 따져 함께 먹을 사람을 고르라는 자기계발서의 성공 노하우는 나도 알고 있지만, 틈 없이 모든 구석을 꽉꽉 채우면 언젠가 일이 안되거나 몸이 아플 때 하릴없이 어울리며 마음을 놓는 관계가 사라지고 만다.</u> 그 사실을 은퇴하고야 알게 되면 자연인이 되고 싶다고 하더라. 일 바깥에서 사람을 만나는 법을 아예 잊어버리는 사람들이다.

몇 년 전 여름휴가 때 개기일식을 관찰하러 미국 서부에 가는 투어에 참여한 적이 있다. 나는 일행 없이 혼자 갔고, 그곳에서 몇 명의 여성들과 함께 일주일여를 보냈다. 배우자가 있는 이도 있었고, 배우자와 아이가 있는 이도 있었지만 그들 모두 혼자 여행을 갔고, 우리는 결혼 여부와 나이, 직업 등을 마지막 날 밤이 되어서야 주고받았다. 모두 일을 하는 사람들이었고, 전부 다른 일을 하는 사람들이었다. 일주일 동안 이름만 알고도 여자들끼리 재미있게 어울릴 수 있다. 내가 하는 일이 나라고 생각하고 충실하게 시간을 보내는 경험은 성취감과 즐거움을 주지만, 일이 나라는 인간의 전부는 아니다.

+

일에 모든 걸 쏟지 말라는 말은 나의 '걱정인간'적 일면과 관련 있는 이야기다. 나는 대학생 때 IMF를 겪었고, 우리 집도 그때 큰 경제적 어려움을 겪은 뒤 다시 회복되지 못했다. 그래서인지 회사 생활을 시작한 순간부터 '망하면 어쩌지'라는 고민을 달고 살았다. 같은 고민을 하면서 저금을 열심히 하는 사람도 있겠지만, 나는 어째서인지 망한 다음에도 소일거리 할 좋아하는 것들을 잔뜩 쌓아두었다. 봄부터 가을까지 저녁시간에 소일거리 하기로는 야구 경기 시청이 좋다고 생각했다. (매일 야구 경기를 보던 때가 있었는데 범죄를 저지르는 프로선수들이 꾸준히 늘어서 점점 시들해졌다.) 도서관만 있으면 되니까 독서는 영원한 취미가 될 법했다. (나이 들면 눈이 안 좋아진다는 사실을 간과했다.)

지금의 나는, 웃기는 얘기를 함께 할 수 있는 친구들이 나의 가장 튼튼한 안전망이라고 생각한다. 그 수가 많지도 않고, 여차할 때 나에게 돈을 빌려줄지는 회의적이지만, 어떤 경우에나 나와 세상 욕도 하고 재밌는 것 발굴도 하며 지낼 사람들이다. 아님 말고.

나 자신에게 피드백

나는 나의 마음이 건강한 상태를 가늠하기 위해, 친구들의 좋은 소식에 내가 기뻐할 수 있는 상태인지를 살피곤 한다. 내가 힘들 때는, 아주 간단한 축하의 말 한마디를 하기가 어렵게 느껴지기도 한다. 빈정거리는 말인지 자각하지도 못하고 말을 내뱉는 일도 마찬가지다. 그러니, 우리 모두 건강하고 든든한 삶을 살아야 함께 즐겁게 오래오래 어울릴 수 있다. 그러기 위해서 나는 나 자신을 잘 돌보고, 나 자신이 기꺼이 모험하도록 신뢰해야 한다. 타인의 인정은 (우리의 기대와 달리) 퍼포먼스의 퀄리티만으로 결정되지 않으며 변덕스럽다. 그런 때 최후까지 나와 남는 존재는 바로 나 자신이다. 이 결과에 내가 부끄럽지 않다는 확신, 다음에 더 나아지리라는 믿음, 그리고 수고한 오늘 하루를 타인에게 방해받지 않고 건강하게 마무리 짓겠다는 각오. 사회생활을 하다 보면 이런 마음을 매일 몇 번씩, 몇십 번씩 먹어야 할 때가 있다. 당신이 지치지 않고 지속할 수 있기를, 눈물을 닦으며 응원한다.

타인의 인정은 나의 퍼포먼스만으로 결정되지 않으며 변덕스럽다. 그런 때 나 자신과 함께 남는 최후의 존재는 바로 나 자신이다.

*

부록

프리랜서의 도

혼자 일하는 사람들

§

한겨레 ESC 지면에 기고한 '혼자 일하는 사람들'에 대한 글을 여기 소개한다. 내가 아는 많은 직장인들이 언젠가 프리랜서로 일할 계획을 가지고 있거나 준비 중인데, 그 과정에서 알아두면 좋을 만한 사항들을 정리한 글이다. 취재에 협조해주신 분들께 다시 한번 큰 감사를 드린다.

한동안 퇴직을 부추기는 글이 유행이었다. 너도나도 회사를 그만두고 찾은 자유를 노래하는 것 같던 때가 있었다. 어느 순간 프리랜서도 늘었다. 직장을 다니는 사람도 늘 한 치 앞이 안 보여 다른 가능성을 탐색해야 한다는 강박에 시달린다. 좋게 말해 유연하고, 나쁘게 말해 불안정한 외주 용역 일자리는 빠르게 늘고 있다. 기획부터 세금 계산까지 혼자 처리해야 하는 개인 콘텐츠 크리에이터들도 하루가 다르게 늘고 있다.

작가나 일러스트레이터처럼 전통적으로 개인 작업물을 매체나 기업에 납품하는 분야는 물론, 출판사, 데이터 분석가, 개발자, 변호사, 회계사 등 조직에 속하거나 팀 단위로 일하는 게 일반적으로 보였던 분야의 일을 혼자 하는 전문가들도 늘고 있다. 짧든 길든 조직 생활을 경험하면서 개인 작업에 집중하기 위해 일을 그만두는 경우도 있고, 때에 따라서는 속한 조직이 하루아침에 문을 닫으면서 반강제로 프리랜서로 전향하는 일도 있다. 그 과정에서 아예 다른 분야로 옮겨가기도 하고, 원래 하던 일을 계속하면서 다른 일을 모색하는 경우도 있다.

　인생 2모작, 3모작이라는 말을 한다. 고등학교나 대학교를 졸업하고 20대에 가진 직업으로 정년퇴직까지 일할 수 있을지 불투명해진 시대에, 다들 삶의 진로를 더 나은 방향으로 틀어보고자 하는 낭만적 상상에 빠져들고 또 실행에 옮긴다. 그런 전환의 시기에 많은 이들이 이전 직장의 일을 프리랜서로 하며 당분간의 생계를 해결하거나, 다음 직종의 일을 프리랜서로 시도하며 전망을 타진하곤 한다. 하지만 재테크처럼, 불안 관리와 현금 유동성,

정보 업데이트 같은 요소는 여기에서도 중요하다. 프리랜서는 출근을 안 해도 되는 사람이 아니라, 일한 만큼만 돈을 받는 사람이기 때문이다. 만화가 김태권 씨는 말한다. "원래 프리랜서는 일을 받아 완성물을 납품하는 사람들이었는데 개인브랜드 시대가 되면서 이제는 경영자 마인드를 갖고 있어야 하게 되었다. 자기 돈으로 새로운 기술을 배우는 것부터 일을 찾고 나아가 댓글 관리와 불만 접수 등 고객 지원 센터까지 혼자 다 하는 셈이다."

졸업하고 취직하세요? 퇴직하고 이직하세요? 불안정한 고용의 시대에 혼자 힘으로 상대하기 힘든 세상을 멈춤 없이 헤쳐 가는 사람들의 이야기가 그래서 궁금했다. 프리랜서, 혹은 1인 사업자들. 자기 홍보를 위한 SNS와 유튜브 채널 개설이 유발한 공적 영역과 사적 영역의 혼합 속에서 어떻게 일을 고르고, 거절하고, 생활을 해나가는 것일까? 답부터 말하면 간단하지 않다.

"직장을 다니는 사람들도 언젠가는 프리랜서가 되지 않을까요?" 20년 차 프리랜서 신예희 씨는 그렇게 말했다. 누구나 개인으로 죽음을 맞는 것처럼, 평생 일하겠다는 결심을 하는 이라면 거의 모든 이들은 결국 혼자 일하는 순간을 맞게 되리라. 그날을 근심하기에 앞서 혼자 일하기를 통해 일하는 분야를 바꾸고 지속 가능성을 다져가는 사람들의 지혜로운 항해술은 조직에 속해 일하는 사람들과는 다를 수밖에 없다.

산업 구조의 변화 속도가 빨라지면서 혼자 일하는 사람들이 늘고 있다. 헤어디자이너 혼자 운영하는 미용실, 바리스타 혼자 일하는 카페, 변호사와 세무사 같은 1인 사업장부터 게임 일러스트레이터, 기획서 작성을 대행하는 기획자, 기업의 프로젝트에 단발성으로 합류해 일하는 개발자, 소설을 쓰고 번역을 하며 단행본 기획이나 외주 편집, 교정, 교열까지 하는 작가, 최근 각광받는 유튜브 크리에이터 등 거의 모든 분야에서 프리랜서들이 일한다.

강민우 변호사는 회사 생활을 하다가 법학전문대학원에 진학, 이후 혼자 변호사 사무실을 차렸다. "'내' 일을 한다는 즐거움이 가장 크다. 회사에 다닐 때는 야근이 싫었는데, 지금은 내 일이라고 생각하니 반감이 전혀 생기지 않는다." 처음 혼자 사무실을 운영했던 때에는 복사부터 세무까지, 소송에 필요한 주민등록초본을 받기 위한 주민센터 방문까지 혼자 처리해야 하는 일이 만만치 않았다. 조직의 일원으로 일할 때와 가장 큰 차이점이다. 회사의 일원일 때는 내 일만 하면 되지만 영업부터 실무, 홍보의 모든 부분을 직접 해야 한다.

일을 거절하는 기준이나 노하우가 있느냐는 질문에 취재에 응한 프리랜서들은 모두 "그런 게 있을 수 없다"고 한숨 쉬듯 웃었다. 기준 이하의 보수나 재능 기부를 요구하는 경우, 일과 관련되어 정리된 문서(최소한 나중에 증거가 될 만한 이메일)조차 없는 경우라면 나중에 문제가 될 가능성이 높다고 판단해 일을 피하지만, 수입이 불안정해 들어오는 대로 일을 받다가 어려움에 처하는 일이 더 많다. 오히려 그런 시행착오를 통해 자신에게 적합한 일이나 일정에 대한 감을 잡아간다.

일러스트레이터이자 작가인 임진아 씨는 20대 초부터 30살까지 회사에 다니다 프리랜서가 되었다. "오늘 하루 종일 일한 걸로 내일이나 다음 달이 보장되지 않을 수 있다고 생각하면 위험하구나 싶어지지만, 일을 할 때마다 새로운 사람, 새로운 과정, 그에 따른 이겨냄을 겪는 것이 장점이자 단점이다." '앨리바바와 30인의 친구친구'라는 구독형 메일링 서비스에 매달 한 번 원고를 제공하는 것을 비롯해 협업에도 적극적이다. 관심을 갖고 본 일본 작은 서점들에 직접 메일을 보내 책을 입고해 판매했고, 도쿄의 Sunny Boy Books에서는 〈실은 스트레칭〉이라는 제목의 전시회를 갖기도 했다.

직장 경력과 아예 다른 일을 모색하는 과정에서 프리랜서로 시간을 보내는 일은 꽤 도움이 되기도 한다. 백도라지 씨는 프리랜서 편집자로 출판사에서의 경력을 이어가며 요가 수련과 강사 일을 늘려가는 중이다. 요가가 잘 맞아 강사 지도자 과정에 등록했다가, 회사를 그만두면서 해외 수련과 새벽 수련에 더 공을 쏟게 되었고, 비정기적이지만 요가 수업 지도도 시작했다. "지도자 과정에 가서 보면 회사에 다니다가 좋아하는 거 하고 싶다고 오시는 분들이 있는 듯하다. 30대가 가장 많고, 50대, 60대도 적긴 하지만 있다." 프리랜서로 요가 강사를 하면서 전

업으로 할 경우의 수입이나 장단점도 파악할 수 있었다. "수입이 많으려면 수업시간을 늘려야 하는데, 그러면 수련할 시간이 적어져서 오히려 지금처럼 프리랜서 편집자일을 겸하는 편이 수입과 수련 양면에서 좋다고 느낀다."

황효진 씨는 회사원, 프리랜서를 거쳐 최근 다시 직장생활을 시작했다. 빌라 선샤인 콘텐츠 디렉터인 그는 "수입 관련해 기복이 심해 불안했고 월급생활자로 돌아왔다." 그는 전 직장 동료였던 윤이나 씨와 '헤이메이트'라는 팀을 짜 《여자들은 먼저 미래로 간다》《둘이 같이 프리랜서》라는 단행본을 만들고 '시스터후드'라는 팟캐스트를 제작하기도 했다. "가장 신경 쓴 부분은 가능하면 일을 동등하게 나누고 수입을 반씩 나누는 것이었다. 프리랜서는 규칙이 없으면 팀으로 굴러가기 힘들어진다"는 협업의 노하우를 전하기도 했다.

하박국 씨는 인디음악 레이블 대표, 유튜브 채널 기술인간 채널 에디터, 프리랜서 작가, 공연 기획, 디제잉까지 다양한 일을 17년간 해왔다. "혼자 일하면 커뮤니케이션 비용이 들지 않는다는 장점이 있지만, 정작 큰일이 닥쳤을 때는 그간 지불하지 않았던 비용을 한 번에 내야 한다. 일상적으로 일에 대해 타인과 공유하지 않고 혼자 진행하다가 하나부터 열까지 다 설명해야 한다." 하지만 스무 살 때 처음 팀 단위로 일을 한 경험을 통해 "사람이 모이면 힘이 생기지만 책임이 분산된다"는 사실을 알게 되었다.

하박국 씨처럼 오래 일을 한 사람들 다수는 '멀티플레이어'다. 20년 차 프리랜서인 신예희 작가는 에세이스트, 만화가, 유튜브 제작, 방송 출연 등 다양한 분야의 일을 겸하고 있다. "한 해를 마무리할 즈음이 되면, 올해도 어떻게 잘 버텼네 생각한다. 그 생각을 스무 번을 하니까 20년이 흘렀다." 앞으로의 지속 가능성을 위해 가장 신경 쓰는 부분은 '업데이트'. 집이 용인인데 일주일 3~4일은 성수동에 나가서 일을 한다. "고인물이 되지 않으려고 노력한다. 사람들이 무엇에 관심을 갖는지 노력해서 찾아보고 경험한다. 나이에 맞게 행동하기와 트렌드에 맞추기, 그 비율을 어떻게 조정할지 늘 고민한다."

KMN 메소드

번역가 김명남 씨는 40분 일하고 20분 휴식하는 세션을 하루 여덟 번 반복하는 방식으로 작업한다. 트위터에서는 이 방법으로 효과를 본 사람들이 김명남 씨의 이니셜을 따 KMN라는 단위로 부르고 있는데, 방법은 간단하다. 일하는 40분 동안은 전화나 문자도 받지 않고 일에 집중한다. 인터넷을 쓰는 상황이어도 SNS에 접속하지 않는다. 40분 동안 타이머를 맞추고 일을 하다가, 알람이 울리면 일을 멈춘다. 휴식하는 20분 동안은 일과 관련된 게 아니면 무엇이든 해도 된다. 휴식이 끝나면 다시 일을 시작한다. 40분이 다 되어가는데 일이 잘된다고 계속하지 않고, 휴식 시간 동안 다 할 수 없는 일을 벌이지 않는다. "혼자 일을 하다 보니 터득한 방법이다. 일하는 시간이 40분보다 짧으면 비효율적이고, 휴식 시간이 20분은 되어야 스트레칭이나 간단한 집안일 등을 처리할 수가 있더라. 이 방법을 본 분들이 '뽀모도로 공부법이네요'라고 해서 이런 방법이 이미 있다는 걸 알았다. 뽀모도로는 '25분 집중-5분 휴식'을 한다. 나는 학교 수업이 수업시간과 쉬는 시간으로 나뉘는 식을 변형해 40분 일하고 20분 쉬는 방식을 택했다. 프리랜서마다 일의 성격이 다를 텐데 거기에 따라 시간 배분을 하면 될 듯하다." 김명남 번역가는 긴장을 풀어주는 리듬을 생각하지 않으면 인생의 좋은 때를 번아웃으로 보내는 것 같다며 "빠른 속도를 내고 유지하는 데 익숙한 사람은 속도 줄이기가 어렵기 때문에 장거리 레이스임을 의식하고 속도 줄이는 법을 익혀야 한다"고 말한다.

김명남 번역가는 평일 낮 시간에 이동이 가능하기 때문에 그 점을 활용해 루틴을 만들었다. 일을 아예 쉬는 주말은 따로 없지만, 의무적으로 일주일 2~3회는 낮에 운동을 하고, 운동을 가는 날은 오전에 일을 하지 않는다. 오후에는 5KMN 정도의 일을 한다. 직장인이 반차를 내는 개념과 똑같다. "프리랜서는 밥 먹으러 가자고 하는 사람이 없다. 일이 잘된다 싶으면 꼼짝 않고 과몰입 상태를 유지한다. 그러다가 건강에 문제가 생겼고, 생존 차원에서 20분은 일어나게 됐다." '40분 일-20분 휴식' 방법은 당장의 일을 처리하는 데 효과적이기도 하지만, 10년 뒤에도 일할 수 있는 몸 상태 유지를 위한 방법론이기도 하다.

+

30대 중반을 기점으로 나이가 그 아래인 이들은 "40분을 집중할 수 있게 되었어요"에 흥분하고, 그 위인 이들은 "20분을 쉴 수 있게 되었어요"에 흥분하는 모습을 많이 보게 되었다. 흥미로웠다. 마흔을 넘기고 일정한 질과 양의 일을 지속하는 이들은 모두 과몰입 문제를 안고 있다는 점을 명심하자. 무조건 쉬고 움직이는 부분에 에너지를 쏟지 않으면 커리어고 생명이고 오늘내일한다.

혼자 일하(고자 하)는 이를 위한 10계명

1. 나대라

예술노동자 '이다(2da)'와 '소사프로젝트'는 '매일마감'이라는 구독 서비스를 운영 중인데, 이다 작가는 매일마감 18호에 '매일마감' 사훈을 적었다. "나대자" "계속 나를 알리고! 새 일을 하고! 홍보하고!" 쑥스러움, 부끄러움, 낯가림이 심해서 나댈 수 없다면 세상은 당신의 존재를 알지도 못한다. 나는 여전히 내가 하는 일을 주변에 널리 알리는 일에 능하지 못한데, 이런 소리를 하면 프리랜서인 친구들은 "너는 직장의 녹을 받고 있기 때문에 여유가 있어서 그렇다"고 단호하게 말한다. 어쨌든 나도 노력하고 있다. 나를 더 알리고, 내가 하는 일을 알리고. 한 가지 덧붙이자면, 요란하게 꽹과리 소리가 나면 사람들은 뭐가 있는 줄 안다. 말하고 보니 사기기술 전수 같긴 하지만 사실이 그렇다.

2. '재능 기부' 식의 일에 주의하라

보수는 없지만 "당신 경력에도 도움이 된다"는 말을 쉽게 믿지 마라. 무료봉사를 하고 나면 또 다른 무료봉사 일이 들어온다. 기부는 좋은 일이지만 당신의 재능과 시간을 남이 편하게 가져다 쓰게 두지 마라. 나는 주로 하는 일에 대해서는 보수의 하한선을 정해놓고 있다. 하지만 하한선과 무관한 적은 돈으로도 일하고, 무료로도 일한다. 함께하고 싶은 마음이 생기는 일이거나 의의가 좋아서 가능하면 힘을 보태고 싶은 일의 경우 그렇다. 어디까지나 그 기준은 '내 마음'이며, 내키지 않는데 의의가 좋다고 강조한다고 해서 그 일을 하지는 않는다.

3. 불안감은 돈이 다스린다

프리랜서로 일하다 최근 다시 취직한 황효진 씨는 당장 일이 있어도 불안감을 다스리기가 쉽지 않았다고 한다. "생활비를 한 달에 얼마를 쓰는지, 최저수입은 얼마

정도가 될지, 지금 가진 돈으로 수입 없이 얼마를 버틸 수 있는지 반드시 냉철하게 계산해봐야 한다. 당장 할 일 만큼 당장 쓸 돈이 없으면 불안하고 절박해진다." 나는 가끔 최저생계비를 계산한다. 10년쯤 전에 프리랜서가 된 지인에게 들은 노하우다. 빈 종이나 새 문서, 그리고 계산기를 준비한다. 그리고 한 달에 쓰는 모든 돈을 적은 뒤 반드시 써야 하는 항목만을 남겨본다. 가장 먼저 생필품을 제외한 각종 쇼핑이 제외될 것이다. 외식 횟수를 제한한다. 집에 들어가는 비용은 건드리기 어렵다. 통신비도 아낄 수 있는지 생각해본다. 교통비! 그리고 매달 일정하게 들어가지 않지만 1년 단위로 들어가는 세금, 경조사비, 병원비, 자동차보험 등을 셈한다. 그리고 또 뺄 수 있는 항목이 있는지 살핀다. 이런 식으로 한 달 평균 '최소한' 얼마가 필요한지 계산한 뒤 10%를 추가한다. 왜냐하면 당신은 당신이 절약할 수 있는 한도를 과대평가하는 경향이 있어서다. 그렇게 산출된 1개월 최저생계비의 최소 3개월치, 많게는 12개월치를 현금으로 보유하고 프리랜서로 전업한다. 말은 이렇고, 30세 이전에 프리랜서로 일하게 되는 많은 이들은 매달 계산기를 수백 번씩 두들기고 근심의 잔고확인 과정을 거쳐 하루하루 버티는 시간을 오래 보낸다.

4. 꾸준하게 기록한다

프리랜서의 경력은 착실히 정리된 포트폴리오가 말해준다. 인디음악 레이블 영기획 대표이자 유튜브 크리에이터기도 한 17년 차 프리랜서 하박국 씨는 "현재 모든 분야의 변화가 너무나 빠르기 때문에 계획을 세우기보다는 관심사부터 내가 한 일들을 의식적으로 꾸준히 기록한다." 이력서, 자기소개서에 업데이트하는 내용에는 '내가 한 일'만 들어가는 게 아니다. 내가 '교육받은 내용'도 적자. 많은 프리랜서는 취미로 시작한 일이 또 다른 가지의 일이 되는 경험을 한다. <u>더불어, 무엇을 하든, 나대자. 잊지 말고.</u>

5. 나를 위해 일해라

《아직, 도쿄》를 펴낸 임진아 작가의 말이다. "프리랜서라 부럽다는 말을 워낙 많이 듣는데, 그 중 하나가 돈을 포기하면 일을 버릴 수 있다는 것이더라. 돈은 생계에 절실히 필요하지만, 돈 때문에 내가 힘들어지면 버릴 수 있겠더라. 너무 부당하거나 무례하다 싶으면 과감하게 일을 중단할 수 있다는 자세로 임한다." 많은 이들이 싫어도 힘들어도 '어쩔 수 없다'고 생각하고 버틴다. 그러다가 망가진다. 몸이든 마음이든 영원히 버티지는 못한다. 어쨌거나 '내가 제일 중요하다'는 마음을 의식하자. 돈이 제법 되지만 여러 이유로 꺼려지는 일을 거절하면서 내가 느낀 만족감이 얼마나 컸던지. 돈은 아쉬웠어! 언제나 돈은 아쉬워! 하지만 그 일을 하면 내가 경험할 스트레스가 훤히 보였고, 나는 그 돈보다는 소중하다고 마음먹고 내린 결정이었다. 돈은 아쉬웠지만!

6. 생활인으로서의 감각을 유지해라

"40대가 되니까 알겠더라. 본진을 잘 지켜야 한다. 생활인으로서의 자신을 잘 돌봐야 한다는 말이다. 빨리 승부를 보려고 작업에 과몰입하다 보면 어느 순간 몸이 버티기 힘들고, 일이 안 풀릴 때 정신적, 육체적으로 타격을 크게 입는다. 그러면 일에도 영향이 온다."(김태권 만화가) 이 말이 얼마나 중요한지 30대 중반까지는 실감을 잘 못 했다. 아니, 지금 일로 인정받기도 어려워 죽겠는데 본진을 지키라니 이게 무슨 한가한 소리야. 그리고 달린다. 안 되면 노력이 부족한 탓이라 믿고, 기도하며 달리고, 악으로 달리고, 깡으로 달리고, 모든 걸 바쳐 일한다. 방광염에 걸리고, 디스크에 걸리고, 급성 위염과 역류성 식도염에 걸린다. 부모님 세대가 50대에 걸리는 병을 30대 후반에 하나쯤 달게 된다. 약을 먹지 않으면 잠들지 못하고, 커피를 마시지 않으면 깨어 있지 못한다. 안정감을 얻기 위해 열심히 일했을 뿐인데 그렇게 되어버린다. 부모 세대는 그렇게 일하다가 아버지가 가족과 함께 지내는 법을 잊어버리는 가정도 흔했다. 일이 박살나도 당신 주변에 있을 사람들을 위해 언제나 시간과 돈, 애정을 투자해라. 당신이 살아 있어야 다음 일도 한다.

7. 느슨한 네트워킹은 언제나 도움이 된다

혼자 모든 걸 해결하려고 하지 말고 도움을 구하라. 비슷한 일을 하는 사람들, 다른 일을 하지만 당신과 비슷한 나이에 혼자 일하는 다른 사람들을 SNS에서 찾아보고 교류하라. 그들은 새로운 일에 당신을 추천할 수도 있고, 당신이 처한 상황을 복잡한 설명 없이도 바로 이해할 수 있는 사람들이다. 나에게는 트위터로 알게 되어 오프라인으로 친해진 사람들이 (내 생각에는 친해진 것 같은데 여러분 생각은 어때요?) 몇 있다. 그리고 생각한다. 아마 내가 오프라인으로 만날 수 있는 한도에서만 사람을 만났다면 세계관이 비슷하면서 완전히 다른 분야에서 일하는 사람들과 가까워질 기회는 없었겠다고. 트위터로 만난 사람들과 돈거래를 할 예정은 없지만(웃음), 난 정말로 그들을 좋아한다. SNS가 가진 긍정적 영향력은 그것이다. 참고로 SNS로 사람을 만나는 요령은, 믿는 대신 의심하라는 것이다. 온라인상에서는 대체로 모든 것이 부풀려지니까.

8. 문서로 업무진행상황을 남겨라

직접 만나거나 전화통화를 하면서 잘 풀렸다고 생각한 일. 돌아서서 생각하면 돈이나 구체적인 조건에 대해 듣지 못하지 않았나? 미팅이나 통화 후에 무조건 세부사항(조건, 기한, 보수 등)을 적어서 계약서를 작성하거나, 최소한 이메일로 보내고 답변을 받는다. 이는 증빙자료를 갖추는 기초 작업이기도 하지만 일을 완료하는 과정에서 빠진 게 없는지 체크할 수 있는 자료를 만들기 위해서이기도 하다.

9. 숫자와 친해져라

20년 차 프리랜서 신예희 씨는 "모든 게 숫자"라고 강조한다. 수입도, 지출도, 마감기한도 전부. "회사원들은 회사에서 처리해주는 회계 업무도 프리랜서는 직접 해야 하니까 숫자와 친해져야 한다." 수입과 지출의 추이를 머릿속에 늘 넣어두고 부지런히 돈을 모으는 것은 기본이다. 이 이야기를 듣고 신예희 씨는 역시 프리랜서의 귀감이라고 생각했다. 나는 숫자에 약해서 숫자 단순암기도 어려움을 겪는 수준이지만 일을 마친 뒤 입금일은 꼭 체크한다. 불리지 못한다면 누수라도 없애야 하는 법.

10. 건강이 자산이다

건강보험료를 잃는 돈이라고 생각하지 말고, 무료로 받을 수 있는 건강검진을 귀찮다고 생각하지도 말자. 프리랜서에게는 병가가 없다. 공공기관에서 운영하는 구민 스포츠센터는 좋은 가격에 운동을 배울 수 있는 곳이다. 나는 마흔을 넘긴 이후 가능한 병원과 친해지기 위해 노력하는 편이다. 산부인과와 유방초음파 잘 보는 병원을 찾아 꾸준히 검진을 받고, 치과도 가고(으으), 이제 내시경을… 어쨌든, 살아 있어야 일을 하든 놀든 한다.

10계까지 말한 뒤 하나만, 직장에 다니다가 프리랜서가 되는 사람을 위해 딱 한마디만 더하고 싶다. 직장에 다니는 동안 주택자금 관련한 큰 대출을 받아버려라! 그게 직장생활이 당신에게 주는 마지막 선물이다.

감사합니다

이 책은 내가 일하며 알게 된 여러 여성들과 함께 써내려갔다고 믿는다. 책의 제목은, 방송국에서 알게 된 최다은 PD가 언젠가 한 이야기에서 힌트를 얻었다. 나도 최다은 PD도 방송 초짜이던 시절에 알게 되었고 같이 방송을 하지 않게 되면서부터 오히려 드물게나마 사적으로 만나는 사이가 되었다. 내가 존경하는, 삶과 일의 밸런스를 잘 맞추며 사는 사람. 회사에서는 동료인 장영엽, 이주현 기자와 함께 보낸 지난 10여 년의 시간을 빼놓고 말할 수 없다. 친하다고 말하기에는 회사의 온갖 왕소금 같고 희석 전의 락스 같은 일들 속에서 늘 소모된 채 관계를 이어가기에, 이 관계를 감히 우정에 가까운 무엇이라고 불러도 좋을지 모르겠다. 우리가 언제까지 함께할지도 모르겠다. 하지만 그 두 사람을 포함해 같은 회사의 동료들로부터 내가 큰 힘을 얻고 있음은 꼭 말해두고 싶었다.

　이름을 적다 보니 존경하는 여성들의 이름을 영원히 이어갈 수 있을 것 같은 기분이 든다. 한참을 긴 리스트를 적다 지웠는데, 리스트가 길어질수록 이름이 포함된 사람보다 이름이 들어가지 않은 이들을 상처 입힐까 저어되는 마음 때문임을 부디 이해해주시기를. 모두가 더 건강하고 행복하기를 바란다. SNS를 통해 알게 된, 실명조차 모르는 많은 뛰어난 여성들에게도 큰 감사를 보낸다. 내가 태어나 처음으로 만난 일하는 여성이었던 어머니 길수현 님과 어머니의 어머니였던 문정순 님은 내게 소중한 가족이자 사회 선배였다. 어머니가 일을 얼마나 좋아하고 잘했고, 그 일이 어머니를 얼마나 고생시켰는지 듣던 일은 아마 죽는 날까지 잊기 어려울 것 같다. 이제야 나는 두 분을 더 잘 이해하게 되었는데, 이 책을 두 분이 읽지 못하신다는 게 아쉽다. 나는 내가 존경하는 여성들을 내가 실망시키지 않기를 바란다. 일단 해보는 거지 뭐.

　이 책을 마무리하던 한 달 여의 시간 동안 내가 일로 알던 여성들의 퇴직 소식과 입원, 투병 소식을 열 건 가까이 연달아 듣게 되었다. 언제 어디서든 잘 헤쳐갈 분들이라고 믿어 의심치 않지만, 2019년의 돈벌이가 그만큼 갈등 많고 어려워지고 있구나를 생각하게 된다. 일하기에 대해 책을 쓰면서 내가 얻은 것은 정답이 아니라 더 많은 질문이다. 용기와 지식, 동료들이 이 혼곤한 질문의 시대를 돌파할 자산들이 되어주리라.

　그리고 나는 당신을 기다린다. 당신과 함께 일할 날을, 당신의 일을 응원할 기회를, 당신이 세상을 바꿀 날을 기다린다. 돌아보지 말고, 근심하지 말고, 살아나가시길.

출근길의 주문

일터의 여성들에게 필요한
말, 글, 네트워킹

ⓒ 이다혜 2019

초판 1쇄 발행 2019년 9월 30일
초판 7쇄 발행 2022년 10월 5일

지은이 이다혜
펴낸이 이상훈
편집인 김수영
본부장 정진항
편집2팀 허유진 원아연
마케팅 김한성 조재성 박신영 김효진 김애린
사업지원 정혜진 엄세영

펴낸곳 ㈜한겨레엔 www.hanibook.co.kr
등록 2006년 1월 4일 제313-2006-00003호
주소 서울시 마포구 창전로 70 (신수동) 화수목빌딩 5층
전화 02) 6383-1602~3 | **팩스** 02) 6383-1610
대표메일 book@hanien.co.kr

ISBN 979-11-6040-297-1 03330